管理会计教程

Guanli Kuaiji Jiaocheng

主　编　秦娟　张艳　张明
副主编　丁明　童丹　李闰春　徐立

西南财经大学出版社
Southwestern University of Finance & Economics Press

西南地区应用型本科系列规划教材
编 委 会

主　任：

　　丁任重（西南财经大学副校长、博士、博士生导师、教授）

副主任：

　　王昆来（云南师范大学商学院院长、教授）

　　杨家仕（四川大学锦江学院副院长、教授）

　　程文莉（重庆工商大学融智学院副院长、教授）

　　阙海宝（四川师范大学成都学院副院长、教授）

　　陈进忠（成都信息工程学院银杏酒店管理学院院长助理、教授）

　　李俊霞（成都理工大学工程技术学院教务处处长、副教授）

编　委：

　　石大安（云南师范大学文理学院经济学院院长、教授）

　　吴　萍（昆明理工大学津桥学院经管系主任、教授）

　　蔡四青（云南大学滇池学院管理系主任、教授）

　　黄方正（成都信息工程学院银杏酒店管理学院经管系主任、教授）

　　吴正俊（重庆工商大学派斯学院经济学系主任、教授）

　　吴　舸（四川外语学院重庆南方翻译学院院长助理、博士、副教授）

总 序

我国高等教育经过多年发展，已经形成了多层次的办学体系，各高校根据资源条件和发展方向明确了自身的定位。应用型本科院校以培养应用型人才为目的，在人才培养中除注重知识的传授外，更加注重学生实际工作的能力、岗位素质的培养和敬业精神的养成，使学生能够迅速适应社会进入工作角色。这对满足我国经济社会发展对高层次应用型人才需要以及推进高等教育大众化进程起到了促进作用。

第一，应用型本科教育，注重培养学生的实践能力，形成了具有自身特色的专业结构、课程体系、教学环节和教学方法：培养目标主要是经济、管理、理工类实用性人才。应用型本科院校的毕业生绝大多数直接进入就业市场，他们将在生产、建设、管理、服务等第一线岗位发挥重要作用，因此应当具备相应领域的综合职业能力。

第二，专业设置上突出行业、职业的技术性特点及地域性特色。应用型本科教育的专业设置，在相对稳定的学科基础上，针对工程技术、应用技术、职业岗位设置专业，以利于毕业生适应千变万化、日新月异的职业岗位。

第三，应用型本科教学内容以职业岗位或工程技术领域的需要为出发点，以掌握某一专业基本的学科理论基础，以行业正在使用和研发中的领先技术为主要研究范围，具有应用性、针对性和实用性。

第四，教师不仅具有丰富的理论知识，同时具有丰富的实践经验，即"双师型"教师。应用型本科教育的培养目标要求教师在教授理论知识外，更能够指点学生实际动手能力。

应用型本科教育的上述特点决定了应用型本科院校必须要有针对性的能够发挥其优势的优秀教材，以提高教学效果，实现办学目标。然而，目前我国高等本科院校的教材大都由研究型大学的教师或致力于学术研究的学者编写，这些教材知识覆盖面广，理论程度深，有关实践性和操作性的知识涉及少，并不符合应用型院校的培养目标，而高等职业专科学校的教材虽具有实用性，但对于本科院校的学生来讲又显得知识过于浅显，因此由熟悉应用型院校办学特点、教学模式、了解学生学习特点的教师编写针对应用型院校教学的教材十分必要。

为适应应用型教学改革与发展对教材建设的迫切要求，推进"十二五"期间西南地区应用型教学改革，切实提高整体教育、教学水平，西南财经大学出版社在广泛深入地了解西南地区众多院校的专业和课程设置的基础上,组织了西南地区 20 余所应用型本科院校的教师编写了该应用型本科系列规划教材。

本系列规划教材编写遵循的原则:

(1) 以实际工作为导向。保证理论知识的覆盖面及前沿性的同时,针对应用型本科型院校的教学特点,突出操作、实用性技术知识,贴合实际工作,通俗易懂,简单易学。

(2) 具有较强的针对性。该系列规划教材的编写,全部由一线教学的优秀教师完成,抓住了当前教学中的重点、热点问题,在内容广度、深度上具有较强的针对性。

(3) 进行立体化建设,提供全方位教学服务。本系列规划教材秉承立体化的思路,为教师和学生提供包括教材、课件、学习指导、习题等全方位的服务。

为保证教材的质量,我们成立了西南地区应用型本科系列规划教材编委会,负责组织、协调教材编写工作,并审定教材内容。

应用型教材的建设是一项任重而道远的工作,可喜的是,经过多方的努力,本系列规划教材终于与读者见面了。在此之际,我们对各院校领导和各图书经销商的大力支持、各位作者的辛勤劳动以及西南财经大学出版社的鼎力相助表示衷心感谢!

西南地区应用型本科系列规划教材编委会
2013 年 1 月

前　言

管理会计是现代企业会计的重要组成部分，与财务会计同是会计系统的两大分支，经济管理的不断发展和管理科学的不断进步促使管理会计学这一学科的形成和发展。随着人们追求管理效率和经济效益意识的不断增强，管理会计已经引起投资者、经营管理者和财务会计人员的高度重视，为企业管理层评价过去、控制现在、规划未来提供有价值的信息，在经济管理中扮演着越来越重要的角色，成为企业各级管理人员必须掌握的文化知识之一，也是财经各专业学生的必修课之一。

本书广泛汲取了中西方管理会计学科的理论、方法与经验，重点突出，结构清楚，语言流畅，通俗易懂，图文并茂，并注重理论联系实际与应用价值。各章之前安排"学习目标"作为学习提示；各章配有"思考题"用以归纳、练习、巩固所学知识。

本教材可供高等院校会计类专业和管理类专业教学使用，亦可供会计类和管理类职业技术教育使用，还可作为管理人员和会计人员的培训教材或自学参考用书。

本教材分为十章，分别由秦娟、张艳、张明、丁明、童丹、李闰春和徐立老师合作完成，感谢西南财经大学出版社和成都理工大学工程技术学院对有关编写工作予以的帮助、支持。

由于作者水平有限，加之编写时间仓促，难免有疏漏差错之处，敬请读者提出宝贵意见，以便日后修改补正。

编者

2012 年 12 月 1 日

目 录

第一章 管理会计概论 (1)
  第一节 管理会计的历史发展 (1)
  第二节 管理会计的概念和职能 (4)
  第三节 管理会计与财务会计的联系和区别 (7)
  第四节 管理会计的执业资格和职业道德 (10)

第二章 管理会计的基本方法 (14)
  第一节 成本的概念 (14)
  第二节 成本的一般分类 (15)
  第三节 成本性态分析 (22)
  第四节 变动成本法 (27)

第三章 本量利分析 (41)
  第一节 本量利分析概述 (41)
  第二节 保本条件下的本量利分析 (49)
  第三节 保利条件下的本量利分析 (56)
  第四节 本量利关系中的敏感性分析 (57)

第四章 预测与决策 (63)
  第一节 预测概述 (63)
  第二节 销售预测 (64)
  第三节 成本预测 (70)
  第四节 资金需要量预测 (73)
  第五节 决策概述 (76)
  第六节 生产经营决策 (78)

第五章　预算控制 ……………………………………………………………………… (95)
第一节　预算控制与全面预算概述 ……………………………………………… (95)
第二节　全面预算的编制原理和方法 …………………………………………… (98)
第三节　预算控制的主要方法 …………………………………………………… (106)
第四节　预算控制的其他方法 …………………………………………………… (109)

第六章　成本控制 ……………………………………………………………………… (114)
第一节　成本控制的意义及原则 ………………………………………………… (114)
第二节　标准成本法概述 ………………………………………………………… (116)
第三节　标准成本差异分析 ……………………………………………………… (117)
第四节　成本差异的账务处理 …………………………………………………… (123)
第五节　标准成本法在我国的应用现状及对策 ………………………………… (127)

第七章　责任会计 ……………………………………………………………………… (130)
第一节　责任会计概述 …………………………………………………………… (130)
第二节　责任中心及其类型 ……………………………………………………… (133)
第三节　责任中心业绩的评价与考核 …………………………………………… (137)
第四节　企业内部转移价格及财务评价 ………………………………………… (141)

第八章　作业成本法 …………………………………………………………………… (146)
第一节　作业成本法的产生与发展 ……………………………………………… (146)
第二节　作业成本法的基本理论 ………………………………………………… (147)
第三节　作业成本计算 …………………………………………………………… (150)

第九章　生命周期成本管理会计 ……………………………………………………… (157)
第一节　生命周期成本管理的引入 ……………………………………………… (157)
第二节　生命周期成本管理的基本概念 ………………………………………… (158)
第三节　生命周期成本管理方法及运用 ………………………………………… (160)

第十章 企业绩效评价与激励会计 ………………………………（168）
第一节 战略绩效评价概述 ………………………………（168）
第二节 平衡计分卡 ………………………………………（169）
第三节 经济附加值 ………………………………………（173）
第四节 智力资本评价方法 ………………………………（177）

参考文献 …………………………………………………………（179）

第一章 管理会计概论

学习目标

通过本章的学习，要求了解管理会计形成和发展的一般过程及动力，认识管理会计与财务会计的联系与区别，了解管理会计的职能和作用，了解管理会计师的资格和职业道德。

管理会计是将管理与会计巧妙地融为一体，为企业的领导人和管理人员提供管理信息的会计。它作为一门新兴的学科和会计的一个新兴领域，从 20 世纪初以来，得到了迅速发展，在理论和实践上都取得了丰硕的成果，在加强企业内部管理、实现利润最大化等方面都发挥了巨大的作用。管理会计既是社会经济环境变迁的产物，又是多种经济思想与管理方法相互借鉴、发展推动的结果。

第一节 管理会计的历史发展

一、管理会计的萌芽

早期的执行性管理会计可以说是管理会计的雏形，其形成可以追溯到 20 世纪 30 年代以前。在这个时期，美国企业为了应对第一次世界大战后出现的经济大萧条，广泛地推行了泰罗（Frederick W. Taylor）、法约尔（Henri Fayal）等创立的科学管理理论。一些企业在管理实践中先后应用了以科学管理学说为基础而形成、发展起来的标准成本系统（standard cost system），以制定定额为目的的实践和动作研究技术和差别计件工资制，以及以计划、执行职能分离为特征的预算管理（budget control）和差异分析（variance analysis）。这些技术和方法对以往那种表现为事后消极反映的传统会计系统形成了严峻的挑战和巨大的冲击；同时，也为会计的发展提供了巨大的空间和新的机遇。

在环境的巨大压力下，会计必然要突破原有的事后反映格局，而采用事前规划、事中控制的技术方法，以适应企业管理的需求和提高工作效率。于是，从 20 世纪初开始的标准成本、差异分析、预算控制等一系列与科学管理理论相联系的计划、控制技术逐步应用到会计实务中，使传统会计的面貌发生了极大的改变。这些变化收到了较好的效果，同时也昭示着管理会计这门新学科的雏形的形成。1919 年，美国成本会计师协会成立，对推广标准成本起到了巨大的推动作用。此后，美国会计学界经过近 10

年的争论，正式将标准成本纳入了会计系统，形成了真正的标准成本会计制度。与此同时，预算控制、变动成本和利润坐标图等方法也相继出现。少数学者开始提出"管理会计"等概念。在西方会计发展史上，"管理会计"（managerial accounting）这一专门术语是美国会计学家奎因斯坦（Quaintance）在1922年出版的著作——《管理会计：财务管理入门》中首次提出的。第一部关于管理会计的专著是1924年出版的美国会计学家麦金西（J. Q. McKinsey）所著的《管理会计》。这些关于管理会计的早期著作大多侧重于介绍会计中如何应用标准成本、差异分析和预算控制的经验或做法，主张把会计服务的重心从对外提供信息转移到对内强化管理，但这些理论在当时并没有引起会计界的普遍重视。由此可见，以泰罗的科学管理理论为基础，以标准成本和预算控制为主要支柱的早期执行性管理会计，在20世纪二三十年代已初步形成。

二、管理会计的形成

管理会计正式形成于20世纪40年代至60年代。第二次世界大战结束后，西方国家进入了所谓的战后期，各国纷纷致力于修复战争创伤，大力发展经济。一方面现代科学技术突飞猛进并大规模应用于生产，使社会生产力获得了十分迅速的发展；另一方面，企业进一步集中，跨国公司大量涌现，企业的规模越来越大，生产经营日趋复杂。与此同时，通货膨胀、银行紧缩、筹资困难，企业经营管理的难度越来越大。在这种复杂的经济环境中，企业管理人员不仅要求会计人员及时对企业的经济管理活动进行准确的计量反映，还要求他们预先对企业未来的生产经营情况进行预测。这就促使会计的重心转向服务于企业内部的经营管理。于是大量企业开始采用更适合当时客观环境的管理新技术和新方法，加强对企业各项生产经营活动的事前规划和事中控制，许多企业开始把职能管理（function management）、行为科学（behavioral science）、数量管理（quantitative management）等理论和方法应用到管理实践，尤其是将现代计算机技术应用于日常的控制和决策，使企业现代管理步入崭新的阶段。

一般认为管理会计从原始萌芽状态迅速发展到相对成熟阶段的重要动力，是以西蒙为代表的管理科学理论的发展。以泰罗制为核心的科学管理理论存在着重大缺陷：只注重提高生产效率而忽视目标决策，强调物而忽视人的主观作用。这些缺陷使其在新的环境下必然要被管理科学理论所取代。

现代管理科学的发展及其在企业管理中的成功应用，为管理会计奠定了理论和方法的基础。一方面，早期管理会计的技术方法得到了进一步的发展，标准成本系统发展为以目标管理为前提的标准成本制度，利润坐标图发展为更科学更实用的本量利分析技术。另一方面，管理科学理论进一步拓展了会计的管理职能，即从解释过去转向为控制现在和筹划未来，并借助运筹学中的有关理论和技术，建立了经营会计和投资决策会计的方法体系；借助职能管理和行为科学理论，建立了责任会计（responsibility accounting）这一方法体系。

至此，一个以强化内部管理、提高经济效益为目的的管理会计体系终于形成了。1952年在伦敦举行的国际会计师联合会（IFAC）代表大会上，正式通过了"管理会计"（management accounting）这一专门术语，会计也因此被细分为财务会计（financial accounting）和管理会计两大领域。

三、管理会计的发展

从 20 世纪 60 年代末至今大致可称作是管理会计的发展时期。作为一门新生科学，管理会计学通过不断吸收现代管理科学，特别是系统论、控制论、信息论、决策论和代理理论（agency theory）等的研究成果，使其自身的理论和方法体系日臻完善，在改善企业内部管理、提高经济效益方面显示了极大的优势。到了 20 世纪 70 年代，管理会计学便开始风靡全球。管理会计的专门方法和技术不仅被制造业广泛采用，而且被推广到包括服务业和非营利组织在内的各种经济组织。事实证明，管理会计不仅是实现管理现代化的重要手段，而且对现代管理科学的发展做出了很大的贡献，并成为现代管理科学的重要组成部分。

为了适应管理会计的迅速发展和日益增强的作用，1972 年，美国全国会计师联合会（national association of accountants，NAA）成立了独立的"管理会计师协会"（institute of management accountants，IMA），1985 年改称为"执业管理会计师协会"（certificated management accountants，CMA）。该协会的管理会计实务委员会（management accounting practice committee，MAPC）已陆续发布了一系列管理会计实务公告（statement on management accounting practice，SMAP）。同年，英国也成立了"成本与管理会计师协会"（institute of cost and management accountants，ICMA）。它们分别出版了各自的专业性刊物《管理会计》（management accounting），且都在全球范围内发行，影响颇广。与此同时，美英等国先后举行了执业管理会计师资格考试，从此在西方国家开始了管理会计职业化的转变。

1980 年 4 月，国际会计师联合会在巴黎举行了第一次欧洲会议，其主题是讨论如何应用和推广管理会计。会议认为，任何企业欲在复杂多变的环境中生存并发展，应用和推广管理会计都是应予以考虑的一个战略性问题。

管理会计实践的日益发展，推动了西方各界对管理会计的研究从实用角度转向理论层面。为此，美国会计学会设立了专门的"管理会计学科委员会"（committee on courses in managerial accounting），并于 1972 年提出了管理会计的目标、基本概念和指导性准则。国际会计准则委员会和国际会计师联合会等国际性组织及其所属的专业管理会计团体从事了大量的管理会计理论研究，发布了管理会计的基本概念、管理会计职业道德规范等文件。至此，管理会计已具有国家化发展的特征。

20 世纪 80 年代中期以来，社会经济环境发生了翻天覆地的变化，传统的以"福特制"为特征的大批量生产模式正在被适应多样化、个性化顾客需求的"顾客化生产模式"所替代；随着经济全球化的发展和新技术革命的兴起，生产要素在全球范围内流动，企业竞争也更加具有国际化的特征；环境巨变和竞争方式的演化，增加了企业经营风险的来源并使其更加难以预测；技术的突飞猛进，使得数控机床和智能化机器人、电子计算机辅助设计、电子计算机辅助生产、弹性制造系统等高科技成果在生产中得到广泛应用，也使企业生产组织和管理出现了许多革命性的变化，适时生产系统（JIT）、全面质量管理（TQC）等新的理论和方法相继形成，作业成本法、作业管理、质量成本管理计算与控制、人力资源管理会计、战略管理会计等新的研究领域也日益引起了人们的广泛关注。

综上所述，管理会计的形成与发展极大地丰富了会计科学的内涵，拓展了会计学的事业和传统职能，使会计的作用不再局限于对生产经营活动的事后反映和单纯地提供历史信息，而是能够进一步利用信息对未来的经济活动进行全面规划，对日常经济活动进行有效控制、评价和考核，因而管理会计的形成被认为是会计发展史上一个重要的里程碑。

第二节 管理会计的概念和职能

一、管理会计的定义

西方会计曾对管理会计的定义进行过如下描述：

（1）美国会计学会下属的"管理会计学科委员会"于1985年把管理会计定义为：管理会计是指在处理企业历史和未来的经济资料时，运用适当的技巧和概念来协助经营管理人员拟定能够达到合理经营目的的计划，并作为能够达到上述目的的明智决策。

（2）1981年，美国全国会计师联合会认为：管理会计是为管理当局用于企业的计划、评价和控制，保证适当利用各项资源并承担经营责任，而进行确认、计量、积累、分析、处理、解释和传递财务信息的过程。

（3）1988年国际会计师联合会下设的"财务和管理会计师委员会"对管理会计进行如下定义：管理会计是指在一个组织内部，对管理当局用于规划、评价和控制的信息（财务的和经营的）进行确认、计量、积累、分析、处理、解释和传输的过程，以确保其资源的利用并对它们承担经营责任。

二、管理会计的基本概念

美国会计学会下属的管理会计学科委员会于1972年提出了以下八个基本概念：

（1）计量：在财务会计中，计量以货币量综合反映企业各项经营活动。管理会计中的计量则是以现时成本或现值等作为计量标准，对企业现在或未来的经济活动进行超前反映。

（2）信息：是指以企业经济活动为基础，经过搜集、整理、加工后的，具有决策有用性的数据。

（3）传输：是指将信息在不同部门间的传递过程。它主要依托企业的管理信息系统来完成。

（4）系：是基于实现特定目标所需要的人、设施和方法体系所构成的综合体。管理会计信息系统是会计信息系统、企业管理信息系统的子系统，用以保证和传输企业经营决策所需的信息。

（5）计划：是指建立经营目标、制定经营政策、选择达到经营目标的手段和方法的一种管理职能，可以在不同管理层级上实施。

（6）控制：是指对计划执行情况进行监控和评价，借以确定实际和计划的偏离程度。具体包括前馈控制和反馈控制。

（7）反馈：将已经输出的数据再次返回输入信息系统，以便于实施控制。主要是适应环境变化而修正计划或采取必要措施，以保证计划的实现。

（8）成本性态：是指成本与业务量变动的相互依存关系。根据这一概念，可为企业合理进行经营决策、改善经营管理提供有价值的数据。

国际会计师联合会下设的"财务和管理会计师委员会"也于 1988 年提出了以下六个基本概念：

（1）经营责任：管理会计通过确认和计量，明确各责任单位的责任履行情况。

（2）可控性：管理会计所需要确认的企业应达成的战略目标以及各单位应完成的责任目标，都应是各责任主体通过主观努力或可控的活动来加以实现的。

（3）可靠性：是指管理会计所提供的信息必须具有足以使其使用者信赖的质量。

（4）增量性：是指管理会计所提供的信息，应能清晰、明了地反映出专门决策的差量收入和差量成本。

（5）相互依赖性：是指经营活动日益复杂的情况下，管理会计必须利用与它相互依赖的其他部门信息来确保自己能够传递全面的信息。

（6）相关性：管理会计所提供的信息必须对经营决策有用。

三、管理会计的职能

管理会计的职能是管理会计本质的体现，是管理会计本身固有的客观功能。管理会计是管理科学与会计科学相结合的产物，因此，管理会计的职能与管理的职能和会计职能密切相关。管理的职能最初是"计划、组织、指挥、协调、控制"，即"五职能说"。而现代管理职能还要加上"预测、决策"，由此成为"七职能说"。然而，越来越多的管理学者认为，会计具有反映和监督两大基本职能，随着管理会计与财务会计两大分支的形成，会计实践已远远超过了单纯事后反映和定期监督的范围。因此，现代会计职能除了反映、监督外，已经有了极大程度的丰富和发展。

管理会计的职能可概括为以下几个方面：

（1）预测职能

预测是指采用科学方法预计、推断客观事物未来发展的方向和程度的管理行为，也就是根据过去、现在预计未来，由已知推断未知的过程。管理会计的预测职能，就是根据企业未来的目标和经营方针，充分考虑经济规律和资源约束，利用会计、统计和其他有关信息，采用科学的经济预测法，对企业未来的销售、成本、利润、资金需求等重要经济指标进行合理的预计和推断，为企业管理者进行正确的经营决策提供信息支持。因此，预测职能是管理会计的基本职能，是执行其他职能的基础。

（2）参与决策职能

所谓决策，通俗地讲就是做出决定或"拍板"，即对未来行动的目标或方向以及实现目标的方法、手段做出决定。严格地说，参与决策不同于决策，它是指管理会计人员为了使企业决策者做出正确的判断和决策，在充分利用会计信息和其他相关信息的基础上，对生产经营或投资活动中的特定问题拟定备选方案，运用专门的方法进行科学测算、比较和分析，初步筛选出可行方案，供决策者进行选择的各种准备工作及过程。

(3) 预算职能

预算是行动计划的定量表现，就是在最终确定的决策方案基础上，编制企业全面预算和各责任单位的责任预算，从而确定企业各方面应达成的主要目标，借以指导当前及未来的经济活动。预算职能既是参与决策职能的继续，又是下述控制职能、评价职能的基础。

(4) 控制职能

控制职能主要是根据预算标准来衡量执行情况，纠正预算执行中的偏差，确保预算目标的实现。这一职能的充分发挥，要求将对经济过程的事前控制与事中控制有机地结合起来，即通过事前预设科学的控制标准（预算标准），并对标准执行偏差及时处理，以保证企业各项经济活动不偏离既定的目标。

(5) 评价职能

主要是在事后，根据各责任单位所编制的业绩报告，将实际数据与预算标准进行对比，并分析其中的差异及其产生的原因，明确责任归属，以此作为对各责任单位的工作业绩或经济成果进行评价、考核并奖惩的依据。

以上职能并不是孤立的，而是紧密地联系在一起，互相补充和促进的，它们共同发挥着一种综合性功能，即提高企业的经济效益。

美国会计学会下设的"管理会计学科委员会"认为，管理会计的基本目标是向企业管理人员提供经营决策所需要的会计信息，协助企业管理者做出有关改善经营管理、提高经济效益和社会需要的决策，履行包括以下具体职能：

(1) 协助企业管理人员履行计划管理职能。计划管理职能是在决策的基础上，将决策目标分解，然后纳入企业一定期间的经营计划。企业经营计划按时间的长短可分为长期计划和短期计划两类，但无论是长期计划还是短期计划，均需要管理会计人员的参与，也就是通过编制长期财务预算、短期财务预算与经营计划进行配合。

(2) 协助企业管理人员履行控制职能。这一管理职能就是接受企业内外部有关信息，按既定目标和控制标准对企业经营活动进行有效控制，促使企业完成经营计划。管理会计协助履行这一职能，就是正确反映企业各项业务活动的执行信息，及时掌握偏离计划的程度，并对差异产生的原因和责任进行分析。

(3) 协助企业管理人员履行组织职能。组织职能是企业管理人员根据环境的变化，按照企业目标的要求，在企业内部进行合理的分工与合作，设置适当机构、配备适当人员、授予适当权力，以有效地组织配合和合理利用人、财、物等资源。管理会计主要是通过建立一套有效的信息传递和报告制度、工作业绩考评制度，来提高企业的组织效率的。

(4) 协助企业管理人员履行经营管理职能。经营管理的核心在于决策，管理会计则需向决策者提供决策相关的会计信息，以利于决策者做出正确的判断。

第三节 管理会计与财务会计的联系和区别

一、财务管理在企业管理中的局限性

从以上对管理会计发展历史的分析以及管理会计的概念中可以看出，企业会计根据不同的目的可分为面向外界的财务会计和面向内部的管理会计。

例如，制造业企业购入原料加工成产品，再通过销售产品实现利润。这一系列经营活动，最终必须根据以《中华人民共和国商法》（以下简称《商法》）为主的法律法规，以及一般遵循的会计原则和会计准则，编制成企业的财务报表。

财务报表的核心是资产负债表和损益表，资产负债表表示企业具有多少可产生利润的资产（财务状况），而损益表则表示企业经过怎样的过程产生了利润，它体现了企业的经营业绩。定期地将这些财务报表向股东、投资者、债券者、国家和地方政府等企业外部利益关系者报告，这就是财务会计的工作范围内容。

与财务会计不同，管理会计是以企业内部已发生的全部数字或者将要发生的未来数字为对象的，也就是说为了企业发展和利润提高而对数字自由分类收集，最终将这些分类数据提供给经营者决策时使用。

管理会计是全公司业绩管理和部门业绩管理的基础。它同预算控制制度、月结算制度等构成完成体系，是考核和评价各部门、各项目小组经营效益的方法，其中采用的数字主要从财务会计中获得。

财务会计虽然十分重要，但企业内部决策者常常发现它对管理日常经营活动的参考价值较小。他们常常这样解释：财务会计信息综合性太强，编制太晚，并且以不当的过去成本为基础，所以它没能指明行动方向。例如，大多数财务报表都将不同产品（或服务）的生产以及销售成本合并在一行里，这使得确定单个产品或劳务的成本成为一件不可能的事。财务会计方法可用来确定全部存货的成本，但是，在用来确定个别产品成本时，常常会产生令人误解的信息。即使这些信息是准确的，个别产品或劳务的成本往往也不够详细，不足以提供关于影响成本因素决策所需的信息。财务跨级报告每月编制一次以上的情况是极其罕见的，因而，它也无法被适时地用于管理日常超额成本的发生。最后，财务会计报告是以历史成本为基础，而不是以现时成本或将来成本为基础的。由于管理者是为将来制定决策，所以他们对将来成本的兴趣要大于历史成本。尽管财务会计信息在制定某些管理决策时是有用的，但它的着重点不是内部决策的制定。

案例 1-1

一家房地产投资公司在两年前，以每块地 1 000 万元的价格购买了两块地。最近的地产评估显示：其中一块地为 800 万元，另一块地因为周围环境变好升值为 1 500 万元。经理、管理人员与财务会计人员分别计算了所取得的利润。

（1）公司以最近评估的价值出售所有的土地。

① 经理、管理人员认为利润应该是：

1 500 + 800 - 1 000 × 2 = 300（万元）

② 财务会计人员根据账面资料算出的利润：

1 500 + 800 - 1 000 × 2 = 300（万元）

结果他们算出的利润是一致的。

（2）公司仅出售降价的地块。

① 经理、管理人员认为利润应该是：

1 500 + 800 - 1 000 × 2 = 300（万元）

② 财务会计人员（包括审计人员）根据账面资料算出的利润：

1 000 + 800 - 1 000 × 2 = -200（万元）

结果是经理、管理人员认为利润应该是300万元；财务会计人员算出的是亏损200万元。两个结果相差500万元。

（3）公司仅出售升值地块。

① 经理、管理人员认为利润应该是：

1 500 + 800 - 1 000 × 2 = 300（万元）

② 财务会计人员根据账面资料算出的利润：

1 500 + 1 000 - 1 000 × 2 = 500（万元）

结果是财务人员算出的利润高于经理、管理人员认为的利润200万元。

（4）公司不出售地块。

① 经理、管理人员认为利润应该是：

1 500 + 800 - 1 000 × 2 = 300（万元）

② 财务会计人员根据账面资料算出的利润：

1 000 + 1 000 - 1 000 × 2 = 0

结果是财务人员认为没有利润，经理、管理人员认为利润仍然是300万元。

提示：

财务会计核算是用货币来反映经济活动的，而对于不能用货币反映的经济活动就无核算。同时财务会计核算是基于一系列假设而产生的结果，如假设折旧、持续经营、成本分摊、费用摊提等，所以财务报表并不能完全反映公司资产的真实情况。经理、管理人员根据财务会计提供的资料进行决策，就会有可能与现在和未来真实资产价值不相符合。

二、管理会计与财务会计的联系

管理会计是从财务会计中分离出来的，两者之间存在着某种天然的联系。主要表现在以下几个方面：

（1）管理会计与财务会计的原始资料基本上是同源的。管理会计需要使用财务会计输出的某种资料，通过加工、改制和延伸，使其符合内部经营管理的需要。管理会计没有必要另行组织一套原始数据。

（2）管理会计与财务会计的主要指标相互渗透。财务会计提供的历史性的资金、成本、利润等指标，是管理会计进行长、短期决策分析的依据，而管理会计中确定的预算、标准等数据又是组织财务会计日常核算的基本前提。

（3）管理会计与财务会计存在着交叉部分。成本会计既用于内部管理又用于期间损益计算。成本计算发挥着管理会计和财务会计中间过渡的作用。

（4）管理会计的一些内部报表有时也被财务会计列为对外公开发布的范围。1973年3月，美国会计原则委员会（APB）的第19号意见，正式把原属于企业内部管理需要的"财务状况变动表"（现金流量表）列为对外必须编报的基本财务报表。现在现金流量表已成为对外报表的三大主表之一。

（5）管理会计与财务会计同时作为经济管理的组成部分，它们所提供的财务报告和管理报告都可用来服务于有关方面的决策分析，因此会有殊途同归之效。

由此可见，虽然财务会计和管理会计的目的不同，但是它们的会计处理原则和利润计算原则却有机地联系在一起。因此，在实际运用中需要将财务会计和管理会计在同一会计体系内加以运用，按照各自目的分别计算出相应的数据。为了测算信息数据，就要在财务会计处理中使用专门的货币计数。而管理会计，除了货币计数之外，还要进行数量和比率之类的非货币计数，这些对于贯彻执行业绩管理、提高经营效益具有非常重要的意义。

三、管理会计与财务会计的区别

管理会计与财务会计的差异可以用下表表示。

表1-1　　　　　　　　　　管理会计与财务会计的区别

信息利用者	企业外部的利益关系者	企业内部的利益关系者
利用目的	利益关系者的利益协调	企业经营决策和业绩的管理
主要课题	利润分配	利润的获得
报告的内容	过去的信息	过去信息、现在信息、未来信息
报告书种类	财务报表——强制性	整个公司的信息、部门信息——任意性
处理基准	会计原则、相关的各法律法规	为经营管理、业绩管理提供参考依据
测定尺度	货币性计数	货币性计数、非货币性计数（数量和比率等）
信息的性质	正确性和合法性	有效性和及时性

第四节 管理会计的执业资格和职业道德

一、美国管理会计师资格证书及其考试

为使管理会计作为一种专门职业并使其专业地位得到会计职业界和社会承认，同时也为了加强美国会计师协会（NAA）的社会地位，在会计学术界的推动下，美国会计师协会于1972年设立了"管理会计资格证书（CMA）项目"，并专门设置了"管理会计师协会（IMA）"，由它具体负责该项目的执行。美国全国会计师协会在说明设立管理会计资格证书项目的目的时强调指出：会计以及会计师在企业中的作用已经发生了重大变化。会计人员在制定企业决策、编制未来计划，以及在企业经营活动的每个方面都发挥了积极的作用。管理会计师在为协助管理当局进行正确决策，收集、加工和分析信息方面都承担着重要（主要）的职责。

按照规定，管理会计资格证书申请者必须通过一系列资格考试，并需符合特定的教育标准和专业标准，方能获得并持有该证书。管理会计师资格考试的主要内容为两部分：

第一部分是财务计划、业绩及控制，具体包括：

财务计划、预算及财务预测（30%），财务业绩评价（25%），成本管理（25%），内部控制（15%），职业道德（5%）。

第二部分是财务决策，具体包括：

财务报告分析（25%），公司财务策略（25%），风险管理及决策分析（25%），投资决策（20%），职业道德（5%）。

申请者必须符合下列条件之一方可参加资格考试。

在我国参加管理会计资格证书考试，须先申请成为管理会计师协会普通会员，对于中国考生，可以通过管理会计师协会授权的中国培训机构的推荐申请入会。考生需拥有国家认可的大学专科及以上学历（专业不限），在校生需出具学校相关证明即可。考生必须在进入管理会计资格证书考试体系后的三年内完成全部考试，并且在进入考试体系后的一年内参加至少一个部分的考试。每年有三个考试窗口，每个考试窗口的时间为两个月。如果考生注册了某一个考试窗口的管理会计资格证书考试而没有通过考试，那么考生必须重新注册和支付全额考试注册费用，考试成绩三年有效。

管理会计资格证书项目设立以来，吸引了大量的优秀专业人士，近年来报名人数甚至有超过注册会计师（CPA）之势。还有许多人在获得注册会计师资格后再争取管理会计资格证书证书。在美国越来越多的专业人士既是注册会计师，又是管理会计资格证书，管理会计资格证书已经和注册会计师一样得到社会的认可。一些大学也把管理会计资格证书和注册会计师列为大学教师的必备条件。因此，一旦获得管理会计资格证书证书，即被承认已具有较高的专业水平和能力，因此也有更多的机会得到大公司的青睐。

二、管理会计师的职业道德

管理会计师在履行其职责时必须遵循职业道德规范。美国全国会计师协会曾于 1982 年颁布"管理会计师职业道德标准（standards of ethical conduct for management accountants）"，遵循这些标准是实现管理会计目标的必要条件。这些职业道德标准包括以下内容：

（1）技能（competence）

管理会计师有下列义务：

* 通过不断提高自身的知识和技能，保持适当的专业技术水平。
* 按照有关法律、规章和技术标准，履行其职业任务。
* 在对相关和可靠的信息进行适当分析的基础上，编制完成清晰的报告，并提出建议。

（2）保密（confidentiality）

管理会计师有下列义务：

* 除法律规定外，非经核准，不得泄露工作过程中所获得的机密信息。
* 告诉下属要适当注意工作中所得信息的机密性并监督其行为，以确保严守机密。
* 禁止将工作中所获得的机密信息，经由个人或第三者用于不道德行为或获取非法利益。

（3）廉政（integrity）

管理会计师有下列义务：

* 避免介入实际或明显的利害冲突，并向任何可能的利害冲突方提出忠告。
* 不得从事道德上有害于其履行职责的活动。
* 拒绝收受影响其行动的任何馈赠、赠品和宴请。
* 严禁主动或被动地破坏企业组织的合法性和道德目标的实现。
* 了解和沟通不利于作出认真负责的判断或顺利完成工作的某些专业性限制或其他约束条件。
* 沟通不利及有利的信息以及职业判断或意见。
* 禁止从事或支持任何有害于职业团体的活动。

（4）客观性（objectivity）

管理会计师有下列义务：

* 公允而客观地沟通信息。
* 公允地反映信息，帮助使用者对各项报告、评论和建议获得正确的了解。

（5）道德行为的解决

在应用各项行为道德准则时，管理会计师常常会面临确认非道德行为以及违反道德的处理问题。如遇到严重的职业道德问题，管理会计师应当遵循专业组织制定的有关政策，若这些政策不能解决特定的职业道德问题，管理会计师应采取如下适当行动。

* 除涉及有关其他上级外，与直接上级商讨这些问题。在此情形下，应在一开始

就将问题提交给高一级主管,如果问题得不到解决,上述问题应提交更高一级的主管人员。

* 如果直接上级是最高级主管(如总经理或相当于总经理),那么可取的复议当局可能是审计委员会、执行委员会、董事会、理事会或业主。如果上级与问题无关,应在上级知情的情况下,越级报告。

* 与顾问进行机要性讨论,澄清相关概念,以明确可能的行动方针。

* 如果问题通过各层次内部的检查,依然存在不符合道德准则的问题,管理会计师对此重要问题无法解决,只能向组织提出辞呈,并向组织的适当代表提交其信息备忘录。除法律另有规定外,一般不可把这些问题告知企业管理当局和非服务于组织的个人。

案例 1-2　　　　　　职业道德的考虑

罗伯茨电子部的主计长蒂姆·爱兰德正与总设计工程师吉米·琼斯共进午餐。他们是好朋友,上大学时属于同一个联谊会,但这次午餐他们谈论的不只是私事。

吉米:蒂姆,今天早上你说有重要的事情要告诉我,希望这件事不是很严重。我可不想毁了这个周末。

蒂姆:可事情的确很重要,你知道在年初,我被指派负责估计新产品的购后成本。这不是件容易的事。

吉米:我知道,这也就是为什么我们要提供给你新产品的工程说明书——比如部件的预期使用寿命之类的材料。

蒂姆:你们正在开发的新产品有点问题。根据你们的报告,有两种部件的使用期限约为 14 个月。但从测试情况看,在第 13 个月,产品就会出现运转不灵的情况。

吉米:我们的产品保证期限只有 12 个月,所以有什么好担心的呢?我们不用承担产品保证成本。

蒂姆:是的,但顾客就得承担大量的维修费用。而产品在有效寿命终结前,还得进行一次维修。如把估计的维修成本加进正常的生命周期成本,得到的全寿命成本就会高于目标成本。

按照我们新的指导方针,将放弃这种产品——至少放弃其现行的设计方案。也许你能重新设计避免使用这两种部件,或减轻这两种部件的使用强度以延长其使用期限。

吉米:听着,蒂姆,我没有时间也没有经费重新设计这种产品。我必须使产品成本低于设计的标准,而且,必须在预定时间之前设计出来,否则分部经理将拿我是问。另外,你知道,我很希望得到总部的工程经理这个职位。如果这个项目做好了,我可能成为汤姆森分部的总工程师。

如果要重新设计,我就没有机会得到这个职位。帮我一下,你知道这个机会对我是多么重要。

蒂姆:我不知道该怎么办,我必须提交全寿命成本报告,而且我必须提供关于营销和工程的辅助性文件。

吉米:这好办。工程师琳达负责产品的测试工作。她曾欠我的人情,我会让她重新测试，并将部件的可靠期限改为 24 个月。这样，你的预计维修成本将减少一半，这是不是足以达到预计的全寿命成本呢？

蒂姆：是的，但……

吉米：唉，别担心。如果我告诉琳达，将推荐她任分部总工程师，她会合作的。用不着害怕，就做这一次，怎么样？

要求：

（1）如果你是蒂姆，答应吉米的请求，将会有哪些压力？你认为他应该答应吉米吗？换成是你，会答应他吗？如不答应，该怎样处理这件事情？

（2）假设蒂姆与吉米合作，掩盖了产品设计的缺陷，他们违反了哪些管理会计师职业道德行为准则？

（3）假设蒂姆拒绝合作，吉米让琳达重新测试，并得出了更为乐观的新结果。然后他把结果交给蒂姆，并说他已给分部经理送去了一份最新的结果。吉米还声称，他能够挡住蒂姆的任何有关重新设计的提议，蒂姆该怎么办？

思考题

1. 管理会计是如何形成和发展的？
2. 管理会计如何定义？
3. 管理会计的职能有哪些？
4. 管理会计与财务会计有何联系和区别？
5. 如何理解管理会计师的职业道德？

第二章 管理会计的基本方法

学习目标

本章主要讲述变动成本法与完全成本法的区别，变动成本法的评价及应用。通过本章的学习，掌握成本的相关概念、成本构成的内容、成本性态分析的方法、变动成本法和完全成本法税前净利的计算及利润表的编制。理解变动成本法与完全成本法的区别、变动成本法的优缺点。

第一节 成本的概念

一、成本的概念

成本是衡量企业经营管理水平高低和经济效益好坏的一个重要指标，是商品经济的一个经济范畴，是商品价值的主要组成部分。在不同的学科中，由于研究的侧重点不同导致对成本的定义也不尽相同。依据马克思主义经济学的观点，成本相当于商品价值中物化的价值和活劳动中必要的价值组成。在我国传统会计中将产品成本定义为：在一定条件下企业生产一定种类和数量的产品或服务所消耗的资源总和。现代会计学认为：成本是在一定条件下企业为生产一定产品所发生的各种耗费的货币表现。在现代西方财务会计学中，成本是企业为获取某一项资产或达到一定目的而付出的以货币测定的价值牺牲。

二、管理会计中的成本概念

现代管理会计以企业内部经营管理为服务对象，成本是管理会计的一个核心概念。

从管理会计的角度看，成本是指企业在生产经营过程中对象化的，以货币表现的为达到一定目的而应当或可能发生的各种经济资源的价值牺牲或代价[①]。这个定义有三层含义：第一，成本形成的原因既可以是资财的耗费，也可以是因放弃机会而产生的损失；第二，成本归集的对象可以是产品，还可以是生产经营过程中的其他客体；第三，成本的时态可以是过去时、现在完成时或将来时。

---

① 吴大军，牛彦秀，王满. 管理会计. 大连：东北财经大学出版社，2004：17.

第二节 成本的一般分类

由于成本概念的多样化,可以选择不同的划分标准将成本划分为不同的类型。下面主要介绍两种主要的成本分类。

一、成本按经济用途分类

按照企业管理的不同要求,按成本用途对成本分类既是财务会计中有关成本分类的最主要的方法,也是一种传统的分类方法。成本按经济用途划分为生产成本和非生产成本。

1. 生产成本

生产成本又称制造成本,是指在产品生产(制造)过程中发生的各项耗费,包括直接材料、直接人工、制造费用三部分。

(1) 直接材料

直接材料是指企业在产品生产过程中用来构成产品实体的各种材料成本。材料是构成产品的各种物质,不仅仅指各种天然的、初级的原材料,还包括外购的半成品。如汽车轮胎是橡胶厂的产成品,但又是汽车厂的直接材料。

(2) 直接人工

直接人工是指企业在生产过程中对原材料进行直接加工使它变成产品而耗用的人工成本,核算上表现为生产工人的工资。

直接材料和直接人工的共同特征是都可以将其成本准确地归属于某一产品上,最能体现成本"归属性"这一传统的本质属性。

(3) 制造费用

制造费用是指为制造产品或提供劳务而发生的各项间接费用。从核算的角度看,包括直接材料和直接人工以外的,为制造产品或提供劳务所发生的,无法直接归属于某一产品的所有支出。根据其内容,通常将其细分为:间接材料,指企业在生产过程中发生的但不便归入某种特定产品的材料成本。如机器设备维修用的材料等。间接人工,是指为生产提供劳务而不直接进行产品制造的人工成本。如设备维修人员的工资等。其他制造费用,指不属于直接人工和直接材料的其他各种间接费用,如固定资产的折旧费、维修费、保险费等。

对生产成本中的上述三个主要项目,可以按照不同的方式再进行组合得到不同的概念。直接材料和直接人工两者合在一起称为主要成本,直接人工和制造费用合在一起称为加工成本。

应该指出的是,生产方式的改变对上述直接人工、直接材料和制造费用的划分或三者的构成有直接的影响。如自动化水平的提高会导致上述意义上的制造费用在生产成本中所占的比重增大;再如生产上的专业化分工的加深会导致制造费用的形象更加"直接化"。

2. 非生产成本

非生产成本也称期间成本或期间费用，是指企业在行政管理和产品销售过程中发生的各项耗费。一般包括销售费用和管理费用两大类。

（1）销售费用，是指企业在销售产品或提供服务的过程中发生的费用。如企业宣传的广告费、展销费，销售使用的设备折旧费，专设销售机构的人员工资、福利费、业务费等。

（2）管理费用，是指企业行政管理部门为组织和管理生产经营活动而发生的各项费用。具体包括工会经费、职工教育经费、业务招待费、印花税、技术转让费、无形资产摊销、咨询费、诉讼费、公司经费、聘请中介机构费、研究与开发费等。

在传统的财务会计中，生产成本以一定的产品为对象进行归类，这种经过对象化的生产成本就称为产品成本。而管理费用、财务费和销售费用则全部计入当期损益，直接从本期营业收入中扣除，故称为间接成本。

成本按经济用途分类，能够反映产品成本、期间成本的构成，便于考核成本计划的完成情况，分析成本升降的原因和寻求降低成本的途径。但这种分类不能从数量上揭示成本与产销量等业务量之间的内在联系，不能有效地将成本信息应用于经营决策过程，也不利于进一步挖掘企业生产经营潜力，因此在管理会计中就有必要按照另一种标准，即按照成本性态来研究分析成本的分类。

二、成本按性态分类

成本性态，亦称成本习性，是指成本总额与特定业务量之间的依存关系。这里的业务量（以下用 x 表示）是指企业在一定的生产经营期内投入或完成的经营工作量的统称。业务量可以是产量、销量，也可以是直接人工工时、机器工作小时等。这里的成本总额主要是指为了取得营业收入而发生的营业成本费用，包括全部生产成本和销售费用、管理费用及财务费用等非生产成本。从成本性态研究分析成本，目的是要揭示成本与产量、销量等业务量之间的内在联系，考察当某特定的业务量变动时，与其对应的成本是否随之变动，从而从数量上具体把握产品成本与生产能力之间的规律性联系。这也是学习管理会计其他内容的重要前提。

全部成本按其性态分类可分为固定成本、变动成本和混合成本三大类。

1. 固定成本

（1）固定成本的含义及特点

固定成本是指成本总额在一定时期和一定业务量范围内，不随业务量变化发生任何数额变化的那部分成本。如厂房、建筑物按直线法计提的折旧费用、行政管理人员的工资、办公费、财产保险费、职工教育培训费等。

固定成本的主要特点：

①固定成本总额（用常数 a 表示）的不变性。在平面直角坐标图上，固定成本线是一条平行于 x 轴的直线，其总成本性态模型为 $y = a$（如图2-1所示）。

②单位固定成本（用 a/x 表示）的反比例变动性。在平面直角坐标图上，单位固定成本线是一条反比例曲线，其单位成本性态模型为 $y = a/x$（如图2-2所示）。

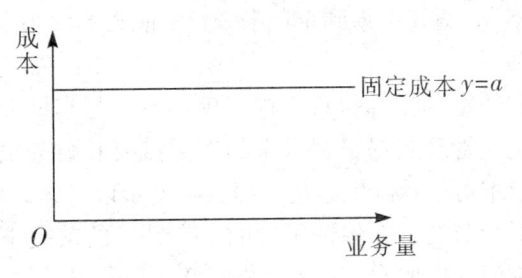

图 2-1 固定成本性态模型

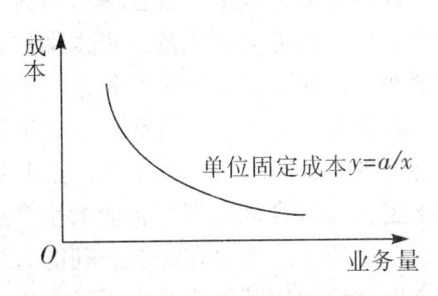

图 2-2 单位固定成本性态模型

例 2-1 某企业生产用的固定资产年最高生产能力为 10 000 件产品,采用直线法计提折旧,每年的折旧额为 7 500 元,所以当该企业每月产量在 10 000 件产品以内时,其折旧费用不随产量的变动而变动,其折旧额与产品量之间的关系如表 2-1 所示。

表 2-1　　　　　　　　　　单位产品所负担的固定成本

年生产量(件)	折旧总额(元)	单位成本(元)
2 500	7 500	3
5 000	7 500	1.5
7 500	7 500	1
10 000	7 500	0.75

从表 2-1 中可以看出,产品的年产量逐渐从 2 500 件增加到 10 000 件,每年的折旧总额始终不变,即每年的折旧费为 7 500 元。但随着产量的变化,单位产品所负担的折旧费用与产量成反比关系,即产量增加导致单位产品负担的折旧费用下降。

(2) 固定成本的分类

固定成本按其是否受管理当局短期决策行为的影响,可进一步细分为酌量性固定成本和约束性固定成本。

①酌量性固定成本,也称选择性固定成本或者可调整性固定成本,是指通过管理当局的决策行为能够改变其数额的固定成本。如广告费、职工教育培训费、新产品开发费和经营租赁费等。这些成本的支出是在某一特定期间可以随企业经营方针的变化而变化的,基本特征是其绝对额的大小直接取决于企业管理当局根据企业的经营状况而做出的判断,一经确定,只能在某一特定的期间存在和发挥作用。当然,这并不意味着酌量性固定成本是可有可无、可以拒绝的。因为从性质上讲酌量性固定成本仍是

企业的一种"存在成本",直接关系到企业未来竞争能力的大小,只不过这种关系比较隐蔽,难以量化描述罢了。

酌量性固定成本在一定的预算执行期内固定不变,与当期业务量无关,而在编制下期预算时又可以由企业管理当局根据未来的实际需要和财务负担能力进行调整。因此,对于这部分固定成本可以从降低其绝对额的角度予以考虑,即在预算时认真决策、精打细算,在执行中例行节约,在保证不影响生产经营的前提下尽量减少绝对额支出总额。通常我们讲的降低固定成本总额就是指降低酌量性固定成本。

②约束性固定成本,也称经营能力成本,指管理当局的决策不能随意改变其支出数额的固定成本。它同企业生产经营能力形成及其正常维护相联系,如固定资产的折旧费、不动产税、财产保险费、行政管理人员的工资等。这些成本是企业经营活动中必须负担的最低固定成本,其发生额的多少直接受到企业生产经营的规模和质量的制约,在较短时间内不能轻易改变,具有很大的约束性,企业管理当局的当前决策不能改变其数额,因此其着眼于更为经济合理地利用企业的生产经营能力。在实务中,如要降低这类成本必须以缩减企业的生产能力和降低盈利能力为代价。除非要改变企业的经营方向,否则只能从合理充分利用其创造的生产经营能力的角度着手,提高产品的质量,相对降低其单位成本。

酌量性固定成本与约束性固定成本从较短的时间看,其发生额同企业的业务量水平无直接关系。因此,它们共同组成了固定成本。

2. 变动成本

(1) 变动成本的含义及特点

变动成本是指在一定时期和一定业务量范围内总额随业务量的变动而发生正比例变动的成本。如直接材料、直接人工、制造费用中随产量成正比例变动的物料用品费、燃料费、动力费、按产量法计提的折旧费、按销售额支付的销售佣金、装运费、包装费等,这些成本的总额将随产量或销量的变动而呈正比例变动。

变动成本的特点:

①变动成本总额(用 bx 表示)在一定时期、一定业务量范围内,随产量变动成正比例变动。在平面直角坐标图上,变动成本是一条以单位变动成本为斜率的一条直线。单位变动成本越大,斜率越大,图上体现的直线坡度越陡。其成本总模型为:$y = bx$(如图2-3所示)。

②单位变动成本(用常数 b 表示)在一定时期、一定业务量范围内,不受产量变动影响,固定不变。在平面直角坐标图上,单位变动成本是一条平行于 x 轴的直线,因此单位变动成本的性态模型为:$y = b$(如图2-4所示)。

图 2-3 变动成本总额性态模型

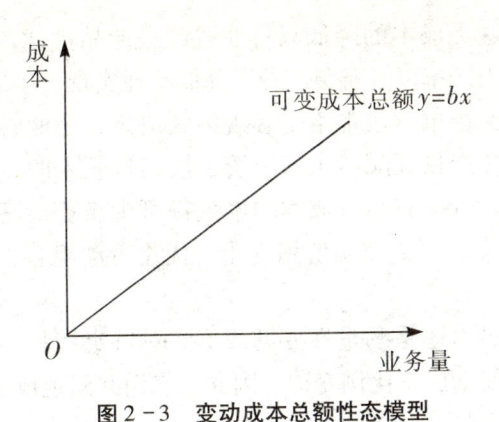

图 2-4 单位变动成本性态模型

例 2-2 某企业生产 A 产品，单位产品的变动成本为 10 元，产量在一定范围内变动对成本的影响见表 2-2。

表 2-2　　　　　　　　　某企业产量与变动成本

生产量（件）	变动成本总额（元）	单位变动成本（元）
200	2 000	10
400	4 000	10
600	6 000	10
800	8 000	10

在表 2-2 中，A 产品的生产量从 200 件，逐渐增加到 800 件，变动成本总额相应地从 2 000 元逐渐增加到 8 000 元，生产量和变动成本总额的变动方向和变动比例相同。但无论产量如何变化，每件 A 产品的单位成本均为 10 元，始终保持不变。

（2）变动成本的分类

变动成本可以根据其发生的原因分为技术性变动成本和酌量性变动成本。

①技术性变动成本是指单位成本受客观因素决定，数额由技术因素决定的，企业管理当局的决策无法改变其支出数额的那部分变动成本。这类成本的实质是利用生产能力进行生产所必然发生的成本。通常表现为企业所生产产品的直接物耗成本，以直

接材料成本最为典型。这类成本的降低只有通过改进产品设计，改革工艺技术，提高材料综合利用率、劳动生产率以及避免浪费，降低单耗实现。

②酌量性变动成本是指单位成本不受客观因素决定，企业管理者可以改变其数额的那部分变动成本。如按产量计酬的工人工资、按销售收入的一定比例计算的销售佣金等。这类成本的显著特点是其单位成本的发生额可由企业最高管理层决定，降低这类成本可以通过合理决策，严格控制费用支出，优化劳动组合，改善成本—效益关系来实现。

无论是技术性变动成本还是酌量性变动成本，对特定产品而言，其单位量是确定的，其发生额均随产量变动成正比例变动。因此，它们共同组成了变动成本。

3. 混合成本

在实际工作中往往会碰到这种情况，有些成本并不可以简单而明确地划为变动成本或固定成本。因为，这些成本既包括变动成本部分，又包含固定成本部分，这样就使得其成本总额虽然随业务量的变动而变动，但变动的幅度并不与业务量的变动幅度保持严格的正比例关系。我们把这些成本称为"混合成本"。

混合成本是指介于固定成本和变动成本之间，其总额既随业务量变动又不成正比例变化的那部分成本。企业的电话费、机器设备的维护保养费等都属于混合成本。由于混合成本是由变动成本和固定成本混合而成的，因此它与业务量之间的关系较为复杂，根据其随业务量变化的性质以及具体情况不同，通常可以将其分为三类。

（1）半变动成本。此类成本又称为标准式混合成本，指在一定初始基数的基础上，其成本总额随业务量变动而成正比例变动的成本。它的特点是：初始基数一般不随业务量的变化而变化，类似固定成本；但超过初始基数部分的，则随业务量的变化而成正比例变化，类似变动成本。企业的电费、水费、电话费等公共事业费及机器设备的维护保养费等就属于这类成本。其成本性态模型可以表示如下（如图2-5所示）：

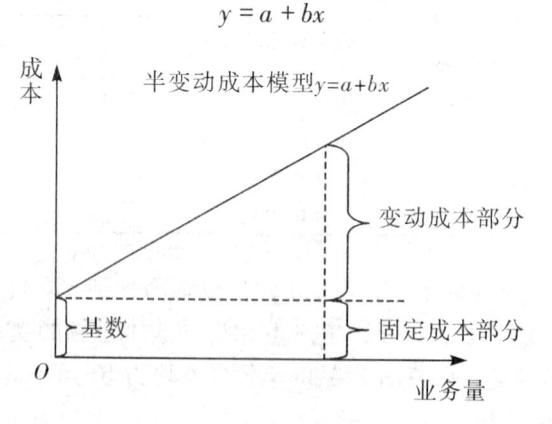

$$y = a + bx \tag{2.1}$$

图2-5 半变动成本模型

例2-3 某企业的水费成本采用两步水价制计价，即不论本月是否生产，都必须按月支付5 000元固定费用，在此基础上，每生产1件产品，需要再支付变动性电费3元。

（2）半固定成本。此类成本又称阶梯式混合成本，指总额随业务量呈阶梯式变动的成本。它的特点是：在一定业务量范围内，其发生额的数量是不变的，具有固定成本的特征；但当业务量超过一定范围，其成本总额会随业务量的增加呈跳跃式增加到一个新的水平，然后在业务量增长的一定限度内又保持不变，直到另一次新的跳跃为止。企业检验员的工资、整车运输费、按订单进行批量生产并按开机次数计算的联动设备的折旧费等就属于这类成本。其成本性态模型可以表示如下（如图2-6所示）：

$$y=f(x)=\begin{cases}a_1 & (0\leqslant x\leqslant x_1)\\ a_2 & (x_1<x\leqslant x_2)\\ a_3 & (x_2<x\leqslant x_3)\end{cases} \quad (2.2)$$

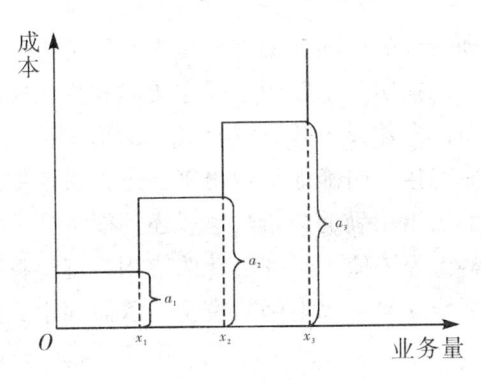

图2-6 半固定成本模型

（3）延期变动成本。此类成本又称低坡式混合成本，指成本总额在一定业务量范围内固定不变，但一旦超过这一特定业务量范围，其成本总额便会随业务量变动成正比例变化。它的特点是：在某一业务量下表现为固定成本，超过这一业务量即成为变动成本。企业的管道煤气收费、企业支付给职工的工资在正常产量的情况下是不变的，属于固定成本，但当产量超过正常水平后，则需要根据超产数量支付加班费或超产奖金，此类成本就属于延期变动成本。其成本性态可以表示如下（如图2-7所示）：

$$y=f(x)=\begin{cases}a_0 & (0\leqslant x\leqslant x_0)\\ a_0+b(x-x_0) & (x>x_0)\end{cases} \quad (2.3)$$

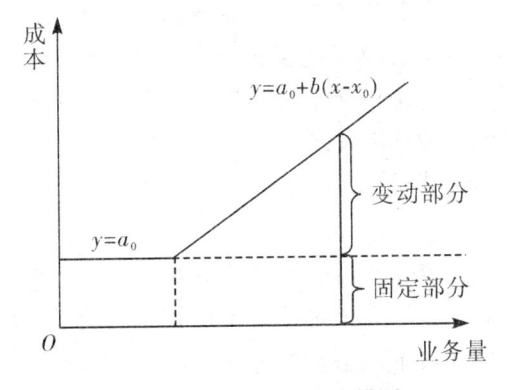

图2-7 延期变动成本模型

第三节 成本性态分析

一、成本性态分析的含义

成本性态分析，就是在成本性态分类的基础上，按照一定的程序和采用一定的方法最终将全部成本分解为固定成本和变动成本两部分，并建立相应的成本函数模型 $y = a + bx$ 的过程。

成本性态分析是管理会计的一项最基本的工作。通常进行成本性态分析是采用变动成本计算法的前提条件。在实际工作中，固定成本和变动成本只是经济生活中诸多成本性态的两种极端模型，多数成本是以混合成本的形式存在的。由于混合成本同业务量之间的相互关系不能直接、明确地显示出来，还无法依据成本同业务量的内在联系对这类成本的增减变动做出正确的分析，也就还不能为企业规划、控制生产经营活动提供全面而有用的资料。为了便于管理会计的应用，需要将混合成本进一步分解为固定成本和变动成本两部分并建立成本函数模型，以便利用成本同业务量的内在联系为企业内部管理服务。

二、成本性态分析的方法

成本性态分析的方法是指完成成本性态分析任务必须采取的技术手段。成本性态分析的方法有很多，常见的有历史资料分析法、技术测定法和工程项目分析法。在管理会计中，这些方法既可以应用于单步骤程序对总成本所做的直接定量处理，又可以应用于多步骤分析程序中的混合成本分解。

（一）历史资料分析法

历史资料分析法是指在占有若干期相关的成本和业务量历史资料的基础上，运用一定数学方法对其进行数据处理，从而确定固定成本和单位成本的数值，并建立成本函数模型，从而完成成本性态分析的一种定量分析的方法。这是在进行成本性态分析时较多采用的一种方法。该法要求企业资料齐全，成本数据与业务量的资料要同期配套，具备相关性，并以企业的历史成本与未来成本具有相似性为前提。此法适用于生产条件较为稳定、成本水平波动不大以及有关历史资料较完备的企业。

历史资料分析法包括高低点法、散布图法和回归分析法。

1. 高低点法

高低点法就是以过去一定时期内的最高业务量与最低业务量的成本之差除以最高业务量与最低业务量之差，先计算出单位变动成本，然后据此将混合成本中的变动成本和固定成本分解出的一种成本性态分析方法。高低点法是历史资料分析法中最简便的一种分解方法。其基本思路是以初等几何中的两点确定一条直线的原理，因此只要知道直线上的两点，直线方程就可以求出。

高低点法的具体步骤如下：

（1）确定高低点坐标

从各期业务量与相关成本所构成的坐标中，以业务量为基准找出最高点和最低点，即（x_H，y_H）和（x_L，y_L）。

（2）确定混合成本中单位变动成本 b

根据高低点坐标值计算单位变动成本（或混合成本的变动部分的单位额）b。

$$b = \frac{y_H - y_L}{x_H - x_L} \tag{2.4}$$

（3）确定混合成本中的固定成本部分 a

将高点或低点坐标值和 b 值代入直线方程 $y = a + bx$，计算固定成本 a。

$$a = y_H - bx_H \tag{2.5}$$

或

$$a = y_L - bx_L$$

（4）建立成本性态模型

将求得的 a、b 代入直线方程 $y = a + bx$，便得到混合成本分解的模型。

例 2-4　某企业的甲产品 5~12 月的产量及混合成本如表 2-3，要求利用高低点法进行混合成本分解。

表 2-3　　　　　　　某企业混合成本资料

	5	6	7	8	9	10	11	12
产量（件）	18	20	19	16	22	25	28	21
混合成本（元）	6 000	6 600	6 500	5 200	7 000	7 900	8 200	6 800

解：根据上述资料，确定高点坐标为（28，8 200）；低点坐标为（16，5 200）。

$$b = \frac{8\ 200 - 5\ 200}{28 - 16} = 250\ （元/件）$$

$$a = 8\ 200 - 28 \times 250 = 1\ 200\ （元）$$

或

$$a = 5\ 200 - 16 \times 250 = 1\ 200\ （元）$$

据此建立的混合成本性态模型：

$$y = 1\ 200 + 250x$$

其中固定成本为 1 200 元，单位变动成本为 250 元。

假如下年该企业计划产量 40 件，则该企业下年的混合成本为：

$$y = 1\ 200 + 250 \times 40 = 11\ 200\ （元）$$

运用高低点法分解混合成本应注意以下几个问题：

①采用高低点法，选用的历史成本数据，应确定能代表该项业务活动的正常情况，不含任何非正常状态下的成本。

②通过高低点法求得的成本模型，也只能适用于相关范围内的业务量，超出后不一定适用于该模型。

③当高点和低点的业务量不止一个而成本又相异时，则只需要按高低点法原理，属高点取成本大者，属低点取成本小者。

④高低点法的选择必须以一定时期的业务量高低来确定，而不是按成本的高低。

高低点法的优点在于简便易行，便于理解。缺点是由于它只选择了历史资料的诸多数据中的两组作为计算依据，使得建立起来的成本性态模型很可能不具有代表性，容易导致较大的误差。因此这种方法主要适用于企业的生产经营活动比较正常，且混合成本增减变动趋势平缓的企业。

2. 散布图法

散布图法又称目测法，是将一定时期的混合成本历史数据逐一地在坐标图上标明以形成散布图，然后通过目测，在各个成本点之间画出一条反映成本变动平均趋势的直线，借以确定半变动成本中变动成本和固定成本的方法。

散布图法的具体步骤是：

（1）在平面直角坐标图上标出各期业务量和相应成本的历史资料。

（2）目测一条直线，使其尽可能通过或接近所有的坐标点。

（3）在纵坐标上读出该直线的截距值，即固定成本总额 a。

（4）在直线上任取一点 P，假设其坐标值为 (x_p, y_p)，将它们代入下式计算单位变动成本 b，即

$$b = \frac{y_p - a}{x_p} \tag{2.6}$$

（5）将 a、b 值代入下式，写出一般混合成本模型，即

$$y = a + bx \tag{2.7}$$

散布图法分解混合成本，能够考虑所提供的全部历史成本资料，其图像可反映成本的变动趋势，同时可排除偶然因素的影响，比高低点法更精确，是对高低点法的一种改进，并且形象直观，易于理解。但由于仅凭目测画线，带有一定的主观随意性，难免存在一定的误差，影响计算的客观性。所以，散布图法只适用于对混合成本的分解精度要求不高的情况。

3. 回归分析法

如前所述，散布图法是通过目测的结果来勾画混合成本形态的，不管偏差大小，人们还是可以勾画出多条反映成本性态的直线来，但用目测方法却很难判断哪一条直线描述得更为准确。一般来说，应该是使散布图中各成本点尽可能在这条直线上或距离最近。从数学的观点来看，就是全部观测数据的误差平方和最小的直线最为合理。这就产生了"回归分析法"。

回归分析法亦称最小二乘法或最小平方法，它是运用数理统计中常用的最小平方法的原理，对所观测的全部数据加以计算，从而勾画出最能代表平均成本水平的直线，这条通过回归分析而得到的直线就称为回归直线。即回归直线法是根据一定期间业务量和混合成本的历史资料，运用最小平方法原理确定一条最能反映业务量与混合成本关系的回归直线，借以分析确定混合成本中变动成本和固定成本的方法。

回归分析法的具体步骤是：

(1) 对已知资料进行加工，计算 $n, \sum x, \sum y, \sum xy, \sum x^2, \sum y^2$。

(2) 计算相关系数 r，判断业务量 x 与成本 y 之间的线性关系。

$$r = \frac{n\sum xy - \sum x \sum y}{\sqrt{[n\sum x^2 - (\sum x)^2][n\sum y^2 - (\sum y)^2]}} \tag{2.8}$$

相关系数 r 的取值范围一般在 -1 至 $+1$ 之间。当 $r = -1$ 时，说明 x 与 y 之间完全负相关；当 $r = 0$ 时，说明 x 与 y 之间不存在线性关系；当 $r = +1$ 时，说明 x 与 y 之间完全正相关。一般来说，只要当 r 接近 1 时，就说明 x 与 y 基本正相关，可以运用线性回归法。

(3) 通过微分极值法，得出回归直线方程求出 a、b 值的公式为：

$$b = \frac{n\sum xy - \sum x \sum y}{n\sum x^2 - (\sum x)^2} \tag{2.9}$$

$$a = \frac{\sum y - b\sum x}{n}$$

或运用简便方法得出 a、b 值，即解线性方程组：

$$\begin{cases} \sum y = na + b\sum x \\ \sum xy = a\sum x + b\sum x^2 \end{cases} \tag{2.10}$$

得 a、b 值代入，得出混合成本的模型：

$$y = a + bx \tag{2.11}$$

例 2-5 仍以例 2-4 所示的资料，要求用回归分析法进行混合成本分解。

解：(1) 对已知资料进行加工，计算列表见表 2-4。

表 2-4　　　　　　　　　　计算表

月份	x	y	xy	x^2	y^2
5	18	6 000	108 000	324	36 000 000
6	20	6 600	132 000	400	43 560 000
7	19	6 500	123 500	361	42 250 000
8	16	5 200	83 200	256	27 040 000
9	22	7 000	154 000	484	49 000 000
10	25	7 900	197 500	625	62 410 000
11	28	8 200	229 600	784	67 240 000
12	21	6 800	142 800	441	46 240 000
$n = 8$	$\sum x = 169$	$\sum y = 54\ 200$	$\sum xy = 1\ 170\ 600$	$\sum x^2 = 3\ 675$	$\sum y^2 = 373\ 740\ 000$

(2) 求相关系数得

$$r = \frac{n\sum xy - \sum x \sum y}{\sqrt{[n\sum x^2 - (\sum x)^2][n\sum y^2 - (\sum y)^2]}}$$

$$r = \frac{8 \times 1\,170\,600 - 169 \times 54\,200}{\sqrt{(8 \times 3\,675 - 169^2)(8 \times 373\,740\,000 - 54\,200^2)}}$$

$$\approx 0.98$$

r 接近于1，故 x, y 具有线性关系。

（3）将加工的资料代入公式得

$$b = \frac{n\sum xy - \sum x \sum y}{n\sum x^2 - (\sum x)^2} \approx 244.33$$

$$a = \frac{\sum y - b\sum x}{n} \approx 1\,613.51$$

（4）得混合成本分析模型为

$y = 1\,613.51 - 244.33x$

回归分析法利用了微分极值原理，因此计算结果比前两种方法更为准确，但计算工作量较大，比较麻烦。如果能使用电子计算机，这种方法将会得到广泛应用。如可以在 EXCEL 环境下，利用已知的 x_i 和 y_i 历史数据，通过插入统计函数 CORREL（或 PEARSON）、INTERCEPT 和 SLOPE，就可以很方便地计算出相关系数 r，回归系数 a 和 b。

（二）技术测定法

技术测定法又称工程技术法，是根据产品生产中的各种材料成本和人工成本的投入与产品产出量的关系来合理区分变动成本和固定成本的一种定量分析方法。其基本做法是把材料、工时的投入量与产品产量进行对比分析，把与产量有关的部分汇集为单位变动成本，与产量无关的部分汇集为固定成本。

这种方法的优点是划分比较准确，缺点是工作量较大，即需要对每一项耗费进行分析，一般只适用于新建企业或新产品的成本性态分析。

（三）合同确认法

合同确认法是指根据企业与供应单位签订的经济合同的数额或有关收费单位的具体规定，或企业内部既定的各种管理和核算制度中所明确的计费方法，来分析确认有关成本习性的方法。企业发生的电话费、保险费、水费、电费和气费等均可以按照与供应单位的约定来确定成本的习性。

合同确认法的优点是成本性态分析比较准确，但其应用范围较小，只限于签有合同生产经营项目的成本的性态分析。

（四）账户分析法

账户分析法是根据财务成本核算中各明细成本账户的内容，结合其与作业量之间的依存关系，判断其比较接近于哪一类成本，就将之归属于哪一类成本的方法。如企业管理人员工资在大部分情况下不受产量变动的影响，就可以按固定成本处理；而企业的维修材料费虽不直接受产量水平的影响，但是关系较大，因此可以大体看做是变动成本。

　　账户分析法的特点是分解结果比较粗，但方法相对比较简单，且能较为清楚地反映出变动成本和固定成本包含的费用项目，便于比较分析，因而实用价值较高。

第四节　变动成本法

　　变动成本法最早由美国人哈勒斯于1936年提出。由于变动成本计算法是以部分制造成本作为产品成本，这与传统财务会计中以制造成本作为产品成本的归属原则不同，从而引起了会计学界的争议。但是由于变动成本法比完全成本法更能提供广泛而实用的经济信息，第二次世界大战后，变动成本法在美国、日本、加拿大、澳大利亚以及西欧各国企业的内部管理中被广泛应用，成为管理会计的一项重要内容。

一、变动成本法和完全成本法的概念

（一）变动成本法的概念

　　变动成本法，又称边际成本法、直接成本法，是指在组织常规的成本计算过程中，以成本性态分析为前提条件，只将变动生产成本作为产品成本的构成内容，而将固定制造费用和非生产成本计入期间费用，并按贡献式损益确定程序计量损益的一种成本计算模式。

　　变动成本法是管理会计作为改革财务会计的传统成本计算模式而设计的新模式。在变动成本法下的成本构成如图2－8所示。

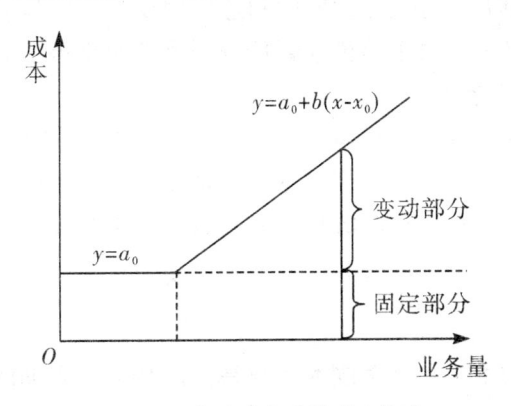

图2－8　变动成本法的成本构成

（二）完全成本法的概念

　　完全成本法，又称吸收成本法，指的是一般意义上所说的制造成本计算。完全成本法是将产品生产中所发生的直接材料、直接人工、变动制造费用与固定制造费用的全部成本都计入产品成本的一种成本计算方法。采用这种方法进行成本计算，产品成本不仅包括产品生产过程中直接消耗的直接材料、直接人工和制造费用，还包括一定

份额的固定制造费用。

完全成本法的提出是为了区别管理会计中的变动成本法，专门用于概括西方长期沿用的传统成本计算模式而提出来的。我国在1992年会计制度改革时将其称为制造成本法。在完全成本法下的成本构成如图2-9所示。

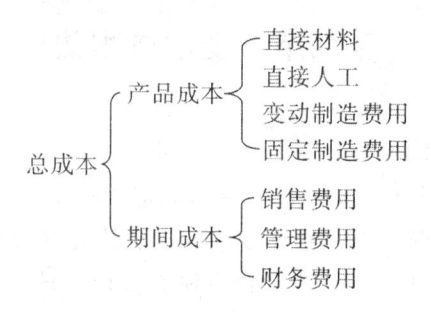

$$
\text{总成本}\begin{cases}\text{产品成本}\begin{cases}\text{直接材料}\\\text{直接人工}\\\text{变动制造费用}\\\text{固定制造费用}\end{cases}\\\text{期间成本}\begin{cases}\text{销售费用}\\\text{管理费用}\\\text{财务费用}\end{cases}\end{cases}
$$

图2-9 完全成本法的成本构成

二、变动成本法与完全成本法的区别[①]

为了使管理会计能满足企业预测、决策、规划、控制和责任考评的基本管理职能的需要，必须采用与财务会计完全成本法不同的核算方法，这就是变动成本法。由于变动成本法与完全成本法对固定制造费用的处理方法不同，因而两种方法之间存在一系列的差异，主要表现在以下方面。

（一）应用的前提条件区别

变动成本法的应用前提是要先进行成本性态分析，把全部成本划分为变动成本和固定成本两部分，尤其是具有混合性质的制造费用要按生产量分解为变动性制造费用和固定性制造费用两部分。对于销售及管理费用要按照销售量分解为变动销售及管理费用和固定销售及管理费用。

完全成本法是财务会计核算成本的基本方法。首先要求把全部成本按其发生的领域或经济用途分为生产成本和非生产成本。凡是在生产领域中为生产产品发生的成本就归集为生产成本，发生在流动领域和服务领域由于组织日常销售或进行日常行政管理而发生的成本则归集为非生产成本。

（二）成本内容的区别

如前所述，变动成本法和完全成本法都是由产品成本和期间成本构成，但在这两种方法下，各自的具体内容是有区别的。

变动成本法下只把变动生产成本即变动的直接材料、变动的直接人工和变动制造费用归集为产品成本；完全成本法下把变动成本和固定制造费用均归集为产品成本，具体包括全部的生产成本即直接材料、直接人工和制造费用。这是两种方法的主要区别。

---

① 陈艳，姜振丽. 管理会计 [M]. 北京：机械工业出版社，2009.

在变动成本法下期间成本由固定制造费用、销售费用、管理费用构成。因此，变动成本法期间成本概括为固定生产成本与全部非生产成本之和或是全部固定成本与全部非生产成本之和。完全成本法下的期间成本在会计核算中也称为期间费用即非生产成本，包括销售费用、管理费用和财务费用。

例 2-6 鸿运企业只生产一种产品，2011 年业务资料如下：全年产量 10 000 件，期初存货 0 件，全年销售量为 6 000 件，期末存货数量为 4 000 件，销售单价为 100 元，本期发生的成本资料如表 2-5 所示。

表 2-5　　　　　　　　　　　　　　资料

成本项目	直接材料	直接人工	制造费用	销售费用	管理费用	财务费用
变动性	60 000	40 000	10 000	6 000	3 000	
固定性			50 000	10 000	25 000	5 000
合计			60 000	16 000	28 000	5 000

要求：分别按变动成本法和完全成本法计算当期发生的产品成本和期间成本。

解：根据上述资料按两种成本计算产品成本和期间成本如表 2-6 所示。

表 2-6　　　　　　　产品成本和期间成本计算表

成本项目		变动成本法		完全成本法	
		总成本(元)	单位成本(元/件)	总成本(元)	单位成本(元/件)
产品成本	直接材料	60 000	6	60 000	6
	直接人工	40 000	4	40 000	4
	变动制造费用	10 000	1	10 000	1
	固定制造费用			50 000	5
	合计	110 000	11	160 000	16
期间成本	固定制造费用	50 000			
	销售费用	16 000		16 000	
	管理费用	28 000		28 000	
	财务费用	5 000		5 000	
	合计	99 000		49 000	

由上面的计算结果可以看出，完全成本法的单位生产成本为 16 元，比变动成本法单位生产成本 11 元多 5 元；变动成本法计算的期间成本为 99 000 元，比完全成本法的期间成本 49 000 元高出 50 000 元。这种差异是固定制造费用处理不同，由每件产品负担的固定制造费用 5 元（50 000 元/10 000 件）而造成的。

（三）产成品和在产品存货估价的区别

采用完全成本法时，各会计期发生的全部生产成本要在完工产品和在产品之间进行分配。通过销售，已销售的产成品中包含的固定成本，随着销售转为当期费用；而在产品和库存产成品中的固定成本，仍作为存货成本的一部分。这就是说，各会计期末的在产品和产成品存货，是按完全成本计价的，其中既有变动成本又有固定成本。

采用变动成本法时，由于只将变动成本计入产品成本，无论在产品、库存产成品还是已销产品成本中只包含变动成本，所以，期末在产品和库存产成品存货计价时不包含固定成本。固定成本全部作为期间成本，在当期转为费用。显然，采用变动成本法下的期末在产品和库存产成品的计价金额，会低于采用完全成本法下的计价金额。

例2-7 仍以例2-6中的表2-5资料为例。

要求：分别按变动成本法和完全成本法计算确定期末存货和本期销货成本。

解：计算的结果见表2-7。

表2-7　　　　　　　　　期末存货成本销货成本计算表

项目	变动成本法	完全成本法
期初存货成本/元	0	0
本期产品成本/元	110 000	160 000
可供销售产品成本/元	110 000	160 000
单位产品成本/（元/件）	11	16
期末存货量/件	4 000	4 000
期末存货成本/元	44 000	64 000
本期销货成本/元	66 000	96 000

由表2-7可以看出，按变动成本法计算的期末存货成本比按完全成本法计算的期末存货成本少20 000元，而按变动成本法计算的本期销货成本则比按完全成本法计算的本期销货成本少30 000元。之所以产生此差异，原因在于变动成本法下的本期产品成本不包含固定成本50 000元，而完全成本法下的本期产品成本则包含固定成本50 000元（每单位分摊5元）。这样，按变动成本法计算的期末存货成本就比按完全成本法下计算的期末存货成本少4 000×（16-11）=20 000（元）；按变动成本法计算的本期销货成本就比按完全成本法计算的本期销货成本少6 000×（16-11）=30 000（元）。

（四）损益确定的程序区别

1. 确定税前净利的程序不同

变动成本法下，首先要从销售收入中减去产品的变动成本计算出边际贡献，再从边际贡献中扣除固定成本计算出当前的税前利润；在完全成本法下，先要从销售收入中减去销售成本计算出销售毛利，再从销售毛利中扣除期间成本计算出当前税前利润。

变动成本法下，损益按照下列两步计算：

$$边际贡献 = 销售收入 - 变动成本 \tag{2.12}$$

其中，变动成本 = 变动生产成本 + 变动非生产成本

$$税前利润 = 边际贡献 - 固定成本 \tag{2.13}$$

其中，固定成本 = 固定生产成本 + 固定管理费用 + 固定销售费用 + 固定财务费用

由以上式可以看出，边际贡献超过固定成本越多，则企业的盈利越大。因此产品的边际贡献可以反映企业盈利能力，它是变动成本法计算损益的中间盈利能力指标。

完全成本法计算损益是销售收入扣除本期已销售产品成本的差额即销售毛利，再用销售毛利扣除期间费用后的差额就是税前利润。

完全成本法下，损益按照以下两步计算：

$$销售毛利 = 销售收入 - 销货成本 \tag{2.14}$$

其中，销货成本 = 按完全成本法计算的本期销货成本
= 期初存货成本 + 本期生产成本 - 期末存货成本

$$税前利润 = 销售毛利 - 期间成本 \tag{2.15}$$

其中，期间成本 = 非生产成本 = 销售费用 + 管理费用 + 财务费用

2. 处理固定生产成本的方式不同

（1）各期产量稳定，销量变动。在分析不同产量关系下两种方法对税前净利之间的影响时，我们首先要假设各期的成本消耗水平不变。这样，在产量稳定的条件下，就意味着各期产品的单位变动成本不变，而销售量的变动则意味着各期期初、期末的产成品存货的不同。

例 2-8 南洋公司只生产一种产品，该产品在 2011 年 1 月初的存货为零，第一季度的产销量、成本以及售价等资料如表 2-8 所示。

表 2-8　　　　　　　　南洋公司第一季度相关资料

业务量	1月	2月	3月	合计
当月生产量	1 000	1 000	1 000	3 000
当月销售量	1 000	850	1 150	3 000
期末存货量	0	150	0	0
售价、成本资料	单位产品成本			

售价、成本资料		变动成本法	完全成本法
每件单价	100 元		
生产成本：			
单位变动成本	45 元/件	变动生产成本 45 元/件	变动生产成本 45 元/件
固定成本总额	15 000 元		固定生产成本 15 元/件
销售及管理费用：			
单位变动成本	15 元/件		
固定成本总额	10 000 元	单位产品成本 45 元/件	单位产品成本 60 元/件

要求：根据资料，分别按两种方法计算确定各期税前净利。

解：计算结果如表 2-9、表 2-10 所示。

表2-9　　　　　　　　变动成本法下的税前净利　　　　　　　　单位：元

	1月	2月	3月
销售收入	100 000	85 000	115 000
减：变动成本：			
变动生产成本（按销售量计算）	45 000	38 250	51 750
变动销售及管理费用	15 000	12 750	17 250
变动成本合计	60 000	51 000	69 000
边际贡献	40 000	34 000	46 000
减：固定成本			
固定生产成本	15 000	15 000	15 000
固定销售及管理费用	10 000	10 000	10 000
固定成本合计	25 000	25 000	25 000
税前净利	15 000	9 000	21 000

表2-10　　　　　　　　完全成本法下的税前净利　　　　　　　　单位：元

	1月	2月	3月
销售收入	100 000	85 000	115 000
减：销货成本			
期初存货成本	0	0	9 000
加：本期生产成本（按产量计算）	60 000	60 000	60 000
可供销售的产品成本	60 000	60 000	69 000
减：期末存货	0	9 000	0
销货成本总额	60 000	51 000	69 000
销售毛利	40 000	34 000	46 000
减：销售及管理费用	25 000	22 750	27 250
税前净利	15 000	11 250	18 750

　　从表2-9和表2-10中可以看出，两种成本方法对利润的影响是不同的。1月份两种方法下的营业利润相等。2月份完全成本法下的利润11 250元高于变动成本法下的利润9 000元，3月份完全成本法下的利润18 750元低于变动成本法下的利润21 000元。造成这种利润差异的原因在于，相对变动成本法而言，完全成本法下的期末存货会吸收一部分固定制造费用，从而造成当期费用下降，利润上升。同时，完全成本法下的期初存货所吸收的一部分固定制造费用会在当期释放出来，造成当期费用上升，利润下降。因此，两种成本计算法的利润差异主要取决于期末存货和期初存货包含的固定制造费用之差。用公式表示为：

营业利润差额＝完全成本法的营业利润－变动成本法的营业利润

　　　　　　＝完全成本法期末存货吸收的固定制造费用－完全成本法期初存货吸收的固定制造费用

＝期末存货量×固定制造费用分配率－期初存货量×固定制造费用分配率 (2.16)

（2）各期销量稳定，产量变动。销售量稳定意味着各年的销售收入相同，而产量变动则表明在完全成本法下各期的单位产品成本不同，因为即使各期的固定制造费用不变，但随着产量变动，单位产品所承担的固定制造费用也会不同。

例 2-9 天津海河公司只生产一种产品，该产品在 2011 年 1 月初的存货为零，第一季度的产销量、成本以及售价等资料如表 2-11 所示。

表 2-11　　　　　　　　天津海河公司第一季度相关资料

业务量	1月	2月	3月	合计
当年生产量	4 000	3 000	2 000	9 000
当年销售量	3 000	3 000	3 000	9 000
期末存货量	1 000	1 000	0	0

售价、成本资料	单位产品成本							
	变动成本法				完全成本法			
每件售价（元/件）　　10	月份	1月	2月	3月	月份	1月	2月	3月
生产成本	变动生产成本	3	3	3	变动生产成本	3	3	3
单位变动成本（元/件）　3								
固定成本总额/元　　6 000					固定生产成本	1.5	2	3
销售及管理费用								
单位变动成本（元/件）　1	单位产品成本	3	3	3	单位产品成本	4.5	5	6
固定成本总额/元　　4 000								

要求：根据资料，分别按两种方法计算确定各期税前净利。

解：计算结果如表 2-12、表 2-13 所示。

表 2-12　　　　　　　　变动成本法下的税前净利　　　　　　　　单位：元

	1月	2月	3月
销售收入	30 000	30 000	30 000
减：变动成本			
变动生产成本（按销量计算）	9 000	9 000	9 000
变动销售及管理费用	3 000	3 000	3 000
变动成本合计	12 000	12 000	12 000
边际贡献	18 000	18 000	18 000
减：固定成本			
固定生产成本	6 000	6 000	6 000
固定销售及管理费用	4 000	4 000	4 000
固定成本合计	10 000	10 000	10 000
税前净利	8 000	8 000	8 000

表2-13　　　　　　　　　　完全成本法下的税前净利　　　　　　　　　单位：元

	1月	2月	3月
销售收入	30 000	30 000	30 000
减：销货成本			
期初存货	0	4 500	5 000
本期生产成本（按产量计算）	18 000	15 000	12 000
可供销售的产品成本	18 000	19 500	17 000
减：期末存货	4 500	5 000	0
销售成本总额	13 500	14 500	17 000
销售毛利	16 500	15 500	13 000
减：销售及管理费用	7 000	7 000	7 000
税前净利	9 500	8 500	6 000

　　从表2-12和表2-13可以看出，由于每个月产量不同，各月单位产品分摊的固定制造费用也不相同。在完全成本法下，各月的单位产品成本就会有差异，即使在各月销量相同的情况下，销货成本也不会相同，从而导致完全成本法下各月的净利不相同。第1个月完全成本法下确定的税前净利较变动成本法计算的结果多1 500元，这是由于完全成本法下有一部分固定制造费用随期末存货1 000件转移至下一月，其金额正好是1 500元，而在变动成本法下，固定制造费用不受产销关系影响，都在当期一次扣减。第2个月产销平衡，但由于有期初期末存货，完全成本法计算的税前净利则比变动成本法计算的结果多了500元。原因在于期初存货1 000件释放了上月的部分固定制造费用1 500元而转入本月，期末存货1 000件吸收了本月的部分固定制造费用2 000元而转入下月，因此计入本期损益的固定制造费用较变动成本法少了500元，税前净利则多了500元。第3个月产量小于销量1 000件，按完全成本法计算的税前净利比变动成本法少2 000元，原因在于按完全成本法，期初存货释放了第2个月的那部分固定制造费用2 000元转入本月，由本月的损益承担，而期末没有存货，因而没有转入下月的固定制造费用，故税前净利较变动成本法少了2 000元。

（五）损益表编制的格式不同

　　在变动成本法下，通过计算边际贡献这个中间指标来确定本期损益，所以称利用变动成本法编制的损益表为"贡献式"损益表；而在完全成本法下，通过计算销售毛利这个中间指标来确定损益，所以称利用完全成本法编制的损益表为"职能式"损益表。

　　例2-10　仍以例2-6中的表2-5资料为例。

　　要求：分别按照变动成本法编制"贡献式"的损益表和按照完全成本法编制"职能式"损益表，并比较它们的不同。

　　解：按照两种成本法编制的贡献式和职能式损益表见表2-14。

表 2-14　　　　　　　　　　　　　　损益表　　　　　　　　　　　　　　单位：元

贡献式损益表		职能式损益表	
销售收入（100×6 000）	600 000	销售收入	600 000
减：变动成本		减：销货成本	
变动生产成本（11×6 000）	66 000	期初存货成本	0
变动销售费用	6 000	本期生产成本（16×10 000）	160 000
变动管理费用	3 000	可供销售的产品成本	160 000
变动财务费用	0	减：期末存货成本	64 000
变动成本合计	75 000	本期销货成本合计	96 000
贡献毛益	525 000	销售毛利	504 000
减：固定成本		减：期间成本	
固定制造费用	50 000	销售费用	16 000
固定销售费用	10 000	管理费用	28 000
固定管理费用	25 000	财务费用	5 000
固定财务费用	5 000	期间成本合计	49 000
固定成本合计	90 000		
税前利润	435 000	税前利润	455 000

两种成本计算方法确定的利润相差 20 000 元。其原因是：完全成本方法把固定生产成本即固定制造费用视作产品成本的一部分，因而每销售一批产品（本例是 6 000 件），其中固定制造费用就构成销货成本，与产品成本一样，每件存货成本内含固定制造费用（本例是 5 元），它们必须结转至下一个会计年度（本例结转至下一年度的是 5×4 000＝20 000 元）。因变动成本法把本期发生的全部固定生产成本均作为期间成本在贡献毛益总额中减除。这样，它的销货成本就包括已经售出的产品的变动成本，只要用单位变动生产成本乘以本期的实际销售量，即可求得，再加上变动的销售及管理费用，即构成变动成本总额。这里必须注意，固定生产成本与期末存货的有无或多少毫无关系，因而也就无需转入下一个会计年度。

三、变动成本法的应用

采用变动成本法时，各成本费用科目要按变动费用和固定费用分别设置，即分别设置"变动制造费用""固定制造费用""变动销售费用""固定销售费用""变动管理费用"和"固定管理费用"等。与此同时，"生产成本"和"产成品"科目的使用也要相应变化，即它们只记录存货的变动成本，而不包括固定成本。

例 2-11　采用变动成本法计算产品成本，有关资料如下：

1. 投产 100 件产品，期末完工 50 件，期初产成品存货 30 件，本期销售 60 件。
2. 期初产成品存货成本 900 元，"本年利润"期初余额 760 元，库存材料成本 2 000 元。
3. 产品和完工产成品分配采用约当产量法，在产品约当完工产品的系数为 0.6。

4. 月发生费用：直接材料 1 000 元，直接人工 900 元，变动制造费用 500 元，固定制造费用 400 元，变动销售费用和管理费用 60 元，固定销售和管理费用 40 元。

本月有关经济业务说明如下：

(1) 投产 100 件产品，领用材料 1 000 元：

借：生产成本　　　　　　　　　　　　　　　　　　　　　　1 000
　　贷：原材料　　　　　　　　　　　　　　　　　　　　　　1 000

(2) 本月发生直接人工成本 900 元，计入生产成本：

借：生产成本　　　　　　　　　　　　　　　　　　　　　　　900
　　贷：应付工资　　　　　　　　　　　　　　　　　　　　　　900

(3) 本期发生变动制造费用 500 元，计入生产成本：

借：生产成本　　　　　　　　　　　　　　　　　　　　　　　500
　　贷：变动制造费用　　　　　　　　　　　　　　　　　　　　500

(4) 本月完工产品 50 件，计算其成本：

本月投产 100 件，完工 50 件，在产品 50 件，在产品约当产量系数 0.6，则：

在产品约当产量 = 50 × 0.6 = 30（件）

本期生产成本 = 1 000 + 900 + 500 = 2 400（元）

成本分配率 = $\dfrac{2\ 400}{50 + 30}$ = 30（元/件）

完工产品成本 = 50 × 30 = 1 500（元）

在产品成本 = 30 × 30 = 900（元）

产成品入库：

借：产成品　　　　　　　　　　　　　　　　　　　　　　　1 500
　　贷：生产成本　　　　　　　　　　　　　　　　　　　　　1 500

(5) 本期销售 60 件，单价 50 元，销售收入为 3 000 元：

借：银行存款　　　　　　　　　　　　　　　　　　　　　　3 000
　　贷：销售收入　　　　　　　　　　　　　　　　　　　　　3 000

(6) 结转已销产品成本：

期初产成品成本余额 900 元（30 件），本期入库 1 500 元（50 件）。无论采用"加权平均"法还是"先进先出"法计价，单位成本都是 30 元。

已销产品成本 = 30 × 60 = 1 800（元）

借：销售成本　　　　　　　　　　　　　　　　　　　　　　1 800
　　贷：产成品　　　　　　　　　　　　　　　　　　　　　　1 800

(7) 结转本年利润

将本期发生的产品销售成本、本期发生的固定制造费用成本、固定管理费用、销售费用、变动管理费用、变动销售费用等，转入"本年利润"科目的借方；将产品销售收入转入"本年利润"科目的贷方，结出本年利润。

本月账务处理如图 2-10 所示。

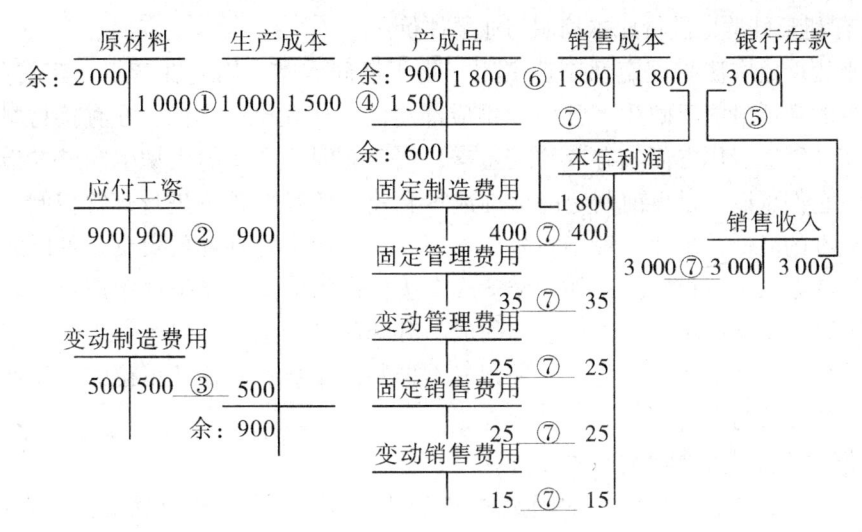

```
原材料           生产成本          产成品          销售成本        银行存款
余：2 000                        余：900 1 800  ⑥ 1 800 1 800  3 000
        1 000 ① 1 000  1 500  ④ 1 500                    ⑤
                                 余：600         本年利润
 应付工资                         固定制造费用          1 800         销售收入
  900  900  ②  900                    400  ⑦  400  3 000 ⑦ 3 000  3 000
                                 固定管理费用
变动制造费用                             35  ⑦  35
  500  500  ③  500               变动管理费用
           余：900                       25  ⑦  25
                                 固定销售费用
                                        25  ⑦  25
                                 变动销售费用
                                        15  ⑦  15
```

图 2-10 变动成本法账务处理

四、变动成本法的评价

（一）变动成本法的优点

变动成本法将固定的制造费用置于产品成本之外，突破了传统的、狭隘的成本观点，实际上是对传统的完全成本法进行的一种改革。变动成本法是适用于面向未来，加强企业内部管理而产生的。由于它能够提供科学反映业务量与成本之间、利润与销售量之间有关量的变化规律的信息，因而有助于加强成本管理，强化管理预测、决策、规划、控制和业绩考核等职能。变动成本法具有以下优点：

1. 能提供有用的管理信息，有利于企业正确地进行短期决策

利用变动成本法求得的单位变动成本、贡献毛益总额及其有关的信息对管理当局最为有用，因为它们揭示了业务量与成本变动的内在规律，找出了生产、销售、成本和利润之间的依存关系，提供了各种产品的盈利能力等重要信息。这些能帮助管理当局深入地进行本量利分析和贡献毛益分析，用来预测前景、规划未来，有利于正确地进行短期经营决策。如前例所讲，在完全成本法下，利润的大小受到存货的影响，企业只要生产出产品即实现了利润，多生产就可获得较多利润，这有悖于逻辑。因为企业利润的实现最终要通过产品的销售，只有产品销售出去，其价值才能被社会承认，即只有多销售才多得利润，所以变动成本法更能为企业提供有用的信息，帮助其进行正确的决策。

2. 促使企业管理当局重视销售环节，防止盲目生产

从理论上讲，在产品售价、成本不变的情况下，变动成本法计算的利润多少应与销售量的变动保持同向变动，这样就会促进管理当局重视销售，注意研究市场变化，搞好销售预测和实现以产定销，防止盲目生产带来的产品大量积压，提高企业的经济效益。

3. 有利于科学地进行成本控制与业绩评价

由于变动成本法将固定性制造费用归集于期间成本，因此在产量一定的条件下，变动成本的高低最能反映生产部门和供应部门的工作业绩。例如，在直接材料、直接人工和变动制造费用方面如有节约或超支，就会立即从产品的变动生产成本指标上反映出来，它们可以通过事前制定的标准成本和建立的弹性预算进行日常控制。至于固定生产成本的高低，责任一般不在生产部门，通常应由管理部门负责，可以通过制定费用预算的办法进行控制。此外，变动成本法提供的信息还能把由于产量变动所引起的成本升降同由于成本控制工作引起的成本升降区别开来，不仅有利于事后进行科学的成本分析，以及采用正确的方法进行成本控制，还能对各责任单位的工作业绩作出实事求是的评价与考核。

4. 简化产品成本的计算，便于加强日常管理

采用变动成本法，把所有的固定成本都列做期间成本，从贡献毛益中直接扣除，节省了许多间接费用的分摊手续，大大简化了成本分配工作，也减少了由于分配标准的多样性所带来的主观随意性，增强了会计信息的客观性和准确性。同时，也有利于会计人员从繁重的核算工作中解放出来，集中精力加强日常管理。

（二）变动成本法的缺点

变动成本法对于企业的内部管理具有十分重要的意义，但仍然不能否认其本身存在的缺点：

1. 变动成本法的产品成本观念不符合会计准则

按照会计准则，存货的成本应当包括固定制造费用成本，因为无论成本是变动的还是固定的，都是生产过程中的企业资源的耗费，都是存货成本构成的一部分。在变动成本法下，产品成本只包括直接材料、直接人工和变动制造费用，不包括固定制造费用，不能反映出产品生产的全部耗费，显然变动成本法不符合会计准则的要求。

2. 改用变动成本法时会影响有关方面及时获得收益

几乎所有正常生产经营的企业，年末都有一定的产成品存货。如果从完全成本法改为变动成本法，就要将存货中的固定成本剔除，并作为当期费用处理，从而使当期利润减少。只有当剔除了固定成本的存货销售以后，才能补回减少的利润。这就延迟了所得税和股东分红。此外，如果当年产量大于销量，形成期末存货增加时，完全成本法下的利润大于变动成本法下的利润。尽管从长期看，变动成本法和完全成本法计算的利润是一致的，只是各期分布不同，但是，在考虑货币时间价值的情况下，还是会影响各方面的实际利益。

3. 变动成本法提供的资料不能充分满足决策的需要

变动成本法以成本性态分析为基础，以相关范围内固定成本和单位变动成本固定不变为前提条件，这在短期内是成立的，但从长期看，由于受技术进步、通货膨胀以及企业经营规模的变化等因素的影响，销售单价、单位变动成本和固定成本总额很难不变。因此无论是变动成本法还是完全成本法，都是关于过去经济活动的反映。而决策面向未来，尤其是在预计未来将发生较大变化时，变动成本法同样不能提供对决策

有用的信息。

企业的长期决策需要使用包括了全部支出的成本资料，以判断每种产品能否以收抵支，而变动成本法不能提供这方面的信息，因而不能满足长期决策，尤其是长期定价决策的要求。

思考题

1. 什么是成本习性？成本为什么要按成本习性分类？
2. 变动成本、固定成本和混合成本的基本特征是什么？
3. 混合成本有几种类型？为什么要进行混合成本的分解？分解的方法有哪些？
4. 什么是变动成本法和完全成本法，各自的成本组成是怎样的？
5. 变动成本法和完全成本法的主要区别有哪些？
6. 变动成本法和完全成本法对利润计算有何不同？
7. 变动成本法的优缺点有哪些？

练习题

习题一

1. 目的：练习混合成本的分解。
2. 资料：已知某公司 2011 年 1～6 月份维修费（为混合成本）与有关业务量（为直接人工小时）的历史数据如下：

月份	直接人工小时（小时）	维修费（元）
1	38 000	40 000
2	46 000	60 000
3	24 000	40 000
4	14 000	28 000
5	30 000	36 000
6	44 000	46 000

3. 要求：

（1）根据上述资料用高低点法对维修费进行成本性态分析并建立成本模型。

（2）预测在直接人工为 40 000 小时，维修费总额是多少？

习题二

1. 练习变动成本法和完全成本法的计算。
2. 资料：已知 B 企业从事单一产品生产，连续三年销量均为 1 000 件，而三年的产量分别为 1 000 件、1 200 件和 800 件。单位产品售价为 200 元；管理费用与销售费用均为固定成本，两项费用各年总额均为 50 000 元；单位产品变动成本（包括直接材料、直接人工、变动制造费用）为 90 元；固定制造费用为 20 000 元。

3. 要求：

（1）根据上述资料，不考虑销售税金，分别采用变动成本法和完全成本法计算各年税前利润。

（2）根据前面计算结果，简单分析完全成本法与变动成本法对损益计算的影响。

习题三

1. 目的：练习变动成本法和完全成本法的计算。

2. 资料：设某企业只生产一种产品，第一、第二、第三各年的生产量（基于其正常生产能力）都是 8 000 件，而销售量则分别为 8 000 件、7 000 件和 9 000 件。单位产品的售价为 12 元。生产成本：单位变动成本（包括直接材料、直接人工和变动制造费用）5 元。固定制造费用基于正常生产能力 8 000 件，共计 24 000 元，每件产品应分摊 3 元（24 000/8 000）。销售与行政管理费用假定全部都是固定成本，每年发生额均为 25 000 元。

3. 要求：

根据上述资料，不考虑销售税金，分别采用变动成本法和完全成本法计算各年税前利润。

第三章 本量利分析

学习目标

本章主要是对成本、业务量、利润三者之间的关系进行分析。通过本章的学习，了解本量利分析的基本假设，熟悉本量利分析的基本方程式、安全边际指标、敏感性分析，掌握本量利分析的概念、保本点的计算及影响因素、临界值的确定。

第一节 本量利分析概述

利润是衡量一个企业成功与否的重要标志，但企业利润的高低取决于产品的售价、成本和销量。企业管理当局在进行相关决策时必须考虑销售多少数量的产品才能保本，或者预测在一定的销售数量下能获得多少利润，或者要获得一定的利润，必须销售多少产品才行，以及为了扩大销售数量，必须把产品的单价降为多少等问题，从而为企业改善经营管理和正确进行经营预测提供有用的资料。

一、本量利分析的含义

本量利分析是成本—产量（或销量）—利润依存关系的简称，也称为 CVP 分析，指在变动成本计算模型的基础上，用数学化的会计模型与图文来揭示固定成本、变动成本、销售量、单价、销售额、利润等变量之间的内在规律性的联系，为会计预测决策和规划提供必要的财务信息的一种定量分析方法。

本量利分析法起源于 20 世纪初的美国，到了 20 世纪 50 年代后，本量利分析技术在西方会计实践中得到广泛应用，其理论日臻完善，成为现代管理会计学的重要组成部分。20 世纪 80 年代初，我国引进了本量利分析理论，它作为加强企业内部管理的一项有效措施，可以为企业的预测和决策提供十分有用的资料。

本量利分析法是在成本性态分析和变动成本法的基础上发展起来的，着重研究销售数量、价格、成本和利润之间的数量关系，它所提供的原理、方法在管理会计中有着广泛的用途，是企业进行预测、决策、计划和控制等经营活动的重要工具，也是管理会计的一项基础内容。

二、本量利分析的基本假设

1. 成本性态分析假设

这一假设是指企业所有成本按照成本性态分析，都可以分解为变动成本和固定成本两部分，有关的成本性态模型已经建立，即 $y = a + bx$ 成本模型。假定产品成本是按变动成本法计算的，产品成本中只包含变动生产成本，而包括固定性制造费用在内的所有固定成本均作为期间成本处理。

2. 相关范围和线性关系假设

由于本量利分析是在成本性态分析的基础上发展起来的，所以成本性态分析的基础假设也就称为本量利分析的基本假设，也就是在相关范围内，固定成本总额和单位变动成本是保持不变的。相应地，假设售价在相关范围内保持不变，那么，销售收入与销售量之间也呈线性关系，成本与销售收入均表现为直线，从而大大简化了本量利分析的数学模型。

3. 品种结构稳定假设

该假设是指在一个生产和销售多种产品的企业里，每种产品的销售收入占总销售收入的比重不会发生变化。但在现实经济活动中，企业很难始终按照一个固定的品种结构来销售产品，如果销售产品的品种结构发生较大变动，必然导致利润与原来品种结构假设下预计的利润有很大差别。有了这种假设，就可以使企业管理人员关注价格、成本和业务量对营业利润的影响。

4. 产销平衡假设

所谓产销平衡就是企业生产出来的产品总是可以销售出去，能够实现生产量等于销售量。在这一假设下，本量利分析中的量就是指销售量而不是生产量，进一步讲，在销售价格不变时，这个量就是指销售收入。但在实际经济活动中，生产量可能会不等于销售量，这时产量因素就会对本期利润产生影响。

正因为本量利分析建立在上述假设基础上，所以一般只适用于短期分析。在实际工作中应用本量利分析原理时，必须从动态的角度去分析企业生产经营条件、销售价格、品种结构和产销平衡等因素的实际变动情况，调整分析结论。积极应用动态分析和敏感分析等技术来克服本量利分析的局限性。

三、本量利分析的基本公式

在本量利分析中，需要考虑的因素主要有：固定成本总额（用 FC 表示）、单位变动成本（用 UVC 表示）、业务量（用 V 表示）、单位售价（用 SP 表示）、利润（用 P 表示）等，这些变量之间的关系可以用以下几种数学模式来表示：

1. 损益方程式

（1）基本的损益方程式

目前多数企业都使用损益法来计算利润，即首先确定一定期间的收入，然后计算与这些收入相匹配的成本，两者之差为期间利润：

利润＝销售收入－总成本

＝销售收入－（变动成本＋固定成本）

＝单价×销量－（单位变动成本×销量＋固定成本） (3.1)

假设产量和销量相同，则有：

利润＝单价×销量－单位变动成本×销量－固定成本

＝销量（单价－单位变动成本）－固定成本 (3.2)

如果上式中各因素分别用前面英文字母表示，则可以表示为：

$$P = V \times SP - V \times UVC - FC = V \times (SP - UVC) - FC \quad (3.3)$$

这个方程式是明确表达本量利之间数量关系的基本方程式，它含有五个相互联系的变量，给定其中四个，便可求出另一个变量的值。

例 3-1 某企业每月固定成本 1 000 元，生产一种产品，单价 10 元，单位变动成本 6 元，本月计划销售 500 件，问预期利润是多少？

将有关数据代入损益方程式：

利润＝单价×销量－单位变动成本×销量－固定成本

＝10×500－6×500－1 000＝1 000（元）

这个方程式是一种最基本的形式，它可以根据所需计算的问题变换成其他形式，或者根据企业具体情况增加一些变量，成为更复杂、更接近实际的方程式。损益方程式实际上是损益表的模型化表达，不同的损益表可以构造出不同的模型。

（2）损益方程式的变换形式

基本的损益方程式把"利润"放在等号的左边，其他变量放在等号的右边，这种形式便于计算预期利润。如果待求的数值是其他变量，则可以将方程进行恒等变换，使等号左边是待求的变量，其他参数放在右边，由此可得出 4 个损益方程式的变换形式：

①计算销量的方程式

$$销量 = \frac{固定成本 + 利润}{单价 - 单位变动成本} \quad (3.4)$$

用字母表示为：

$$V = \frac{FC + P}{SP - UVC} \quad (3.5)$$

假设前例企业拟实现目标利润 1 100 元，问应销售多少产品？

$$销量 = \frac{1\ 000 + 1\ 100}{10 - 6} = 525（件）$$

②计算销售单价的方程式

$$销售单价 = \frac{固定成本 + 利润}{销量} + 单位变动成本 \quad (3.6)$$

用字母表示为：

$$SP = \frac{FC + P}{V} + UVC \quad (3.7)$$

假设前例企业计划销售 600 件，欲实现利润 1 640 元，问单价应定为多少？

$$单价 = \frac{1\,000 + 1\,640}{600} + 6 = 10.40 \text{（元/件）}$$

③ 计算单位变动成本的方程式

$$单位变动成本 = 单价 - \frac{固定成本 + 利润}{销量} \qquad (3.8)$$

用字母表示为：

$$UVC = SP - \frac{FC + P}{V} \qquad (3.9)$$

假设前例企业每月固定成本 1 000 元。单价 10 元，计划销售 600 件，欲实现目标利润 800 元，问单位变动成本应控制在什么水平？

$$单位变动成本 = 10 - \frac{1\,000 + 800}{600} = 7 \text{（元/件）}$$

④ 计算固定成本的方程式

$$固定成本 = 单价 \times 销量 - 单位变动成本 \times 销量 - 利润 \qquad (3.10)$$

用字母表示为：

$$FC = V \times SP - V \times UVC - P \qquad (3.11)$$

假设前例企业单位变动成本为 6 元，单价 10 元，计划销售 600 件，欲实现利润 740 元，固定成本应控制在什么水平？

$$固定成本 = 10 \times 600 - 6 \times 600 - 740 = 1\,660 \text{（元）}$$

（3）包含期间成本的损益方程式

为符合多步式损益表的结构，不但要分解产品成本，而且要分解销售费、行政管理费等期间成本。将它们分解以后，方程式为：

$$\begin{aligned}\text{税前利润} &= 销售收入 - (变动销售成本 + 固定销售成本) - (变动销售和管理费 + 固定销售和管理费) \\ &= 单价 \times 销量 - (单位变动产品成本 + 单位变动销售和管理费) \times 销量 - (固定产品成本 + 固定销售和管理费)\end{aligned}$$

$$(3.12)$$

例 3 - 2 某企业每月固定制造成本 1 000 元，固定销售费 100 元。固定管理费 150 元；单位变动制造成本 6 元，单位变动销售费 0.70 元，单位变动管理费 0.30 元；该企业产销一种产品，单价 10 元；本月计划销售 500 件产品，问预期利润是多少？

$$利润 = 10 \times 500 - (6 + 0.7 + 0.3) \times 500 - (1\,000 + 100 + 150) = 250 \text{（元）}$$

（4）计算税后利润的损益方程式

所得税是根据利润总额和所得税税率计算的，并从利润总额中减除，既不是变动成本也不是固定成本。

$$\begin{aligned}税后利润 &= 利润总额 - 所得税 = 利润总额 - 利润总额 \times 所得税税率 \\ &= 利润总额 \times (1 - 所得税税率)\end{aligned} \qquad (3.13)$$

将损益方程式代入上式的"利润总额"：

税后利润=(单价×销量-单位变动成本×销量-固定成本)×(1-所得税税率)

此方程式经常被用来计算实现目标利润所需的销量,为此常用下式表达:

$$销量 = \frac{固定成本 + \dfrac{税后利润}{1-所得税税率}}{单价-单位变动成本} \tag{3.14}$$

例3-3 前述企业每月固定制造成本1 000元,固定销售费100元,固定管理费150元;单位变动制造成本6元,单位变动销售费0.70元,单位变动管理费0.30元;该企业生产一种产品,单价10元,所得税税率50%;本月计划产销600件产品,问预期利润是多少?如拟实现净利500元,应产销多少件产品?

税后利润=[10×600-(6+0.7+0.3)×600-(1 000+100+150)]×(1-50%)
= (6 000-4 200-1 250)×50%=275(元)

$$销量 = \frac{(1\,000+100+150) + \dfrac{500}{1-50\%}}{10-(6+0.7+0.3)} = \frac{1\,250+1\,000}{10-7} = 750(件)$$

2. 边际贡献方程式

(1) 边际贡献(Tcm)

边际贡献也称为贡献毛利、边际利润或创利额,是产品销售收入总额减去相应的变动成本总额后的差额。边际贡献的绝对数的表现形式有单位边际贡献(cm)和边际贡献,相对数表现形式有边际贡献率(cmR)。

单位边际贡献式指产品的销售单价减去单位变动成本后的余额,反映的是每销售一件产品可以为企业获利做出的贡献。用公式表示为:

边际贡献=销售收入-变动成本
=销量×(销售单价-单位变动成本)
=销售量×单位边际贡献

即
$$Tcm = V \times SP = V \cdot UVC = V \times (SP - UVC) = V \times cm \tag{3.15}$$

其中,单位边际贡献=单价-单位变动成本

即
$$cm = SP - UVC = \frac{Tcm}{V} \tag{3.16}$$

例3-4 某企业只生产一种产品,单价6元,单位变动成本3元,销量600件,则:

边际贡献=6×600-3×600=1 800(元)

单位边际贡献=6-3=3(元)

边际贡献,是产品扣除自身变动成本后给企业所做的贡献,它首先用于收回企业的固定成本,如果还有剩余则成为利润;如果不足以收回固定成本则发生亏损。

由于变动成本既包括生产制造过程的变动成本即产品变动成本,还包括销售、管理费中的变动成本即期间变动成本,所以,边际贡献也可以具体分为制造边际贡献(生产边际贡献)和产品边际贡献(总营业边际贡献)。

$$销售收入-产品变动成本=制造边际贡献 \tag{3.17}$$

制造边际贡献 - 销售和管理变动成本 = 产品边际贡献 (3.18)

通常,如果在"边际贡献"前未加任何定语,那么则是指"产品边际贡献"。

例 3-5 某企业只生产一种产品,单价 6 元,单位制造变动成本 2 元,单位销售、管理费变动成本 1 元,销量 600 件,则:

制造边际贡献 = 6×600 - 2×600 = 2 400(元)

产品边际贡献 = 2 400 - 1×600 = 1 800(元)

(2)边际贡献率

边际贡献率,是指产品的边际贡献总额占产品的销售收入总额的百分比,又等于边际贡献占销售收入的百分比。这是反映产品盈利能力的相对数指标,它表明每增加一元销售能够为企业提供的贡献。其计算公式如下:

$$边际贡献率 = \frac{边际贡献}{销售收入} \times 100\%$$

$$= \frac{单位边际贡献 \times 销量}{单价 \times 销量} \times 100\%$$

$$= \frac{单位边际贡献}{单价} \times 100\%$$

即

$$cmR = \frac{Tcm}{VSP} \times 100\% = \frac{cm}{SP} \times 100\% \quad (3.19)$$

例 3-6 仍沿用例 3-5 的资料计算:

制造边际贡献率 = $\frac{6-2}{6} \times 100\% = 67\%$

产品边际贡献率 = $\frac{6-3}{6} \times 100\% = 50\%$

通常"边际贡献率"一词是指产品边际贡献率。

边际贡献率,可以理解为每 1 元销售收入中边际贡献所占的比重,它反映产品给企业做出贡献的能力。

与边际贡献率相对应的概念是"变动成本率(bR)",即变动成本在销售收入中所占的百分率。

$$\frac{变动}{成本率} = \frac{变动成本}{销售收入} \times 100\% = \frac{单位变动成本 \times 销量}{单价 \times 销量} \times 100\%$$

$$= \frac{单位变动成本}{单价} \times 100\%$$

即

$$bR = \frac{UVC}{SP} \times 100\% \quad (3.20)$$

例 3-7 仍沿用例 3-5 的资料计算:

制造变动成本率 = $\frac{2}{6} \times 100\% = 33\%$

产品变动成本率 = $\frac{2+1}{6} \times 100\% = 50\%$

通常,"变动成本率"一词是指产品变动成本率。

由于销售收入被分为变动成本和边际贡献两部分,前者是产品自身的耗费,后者是对企业的贡献,两者百分率之和应当为1。

$$\text{变动成本率} + \text{边际贡献率} = \frac{\text{单位变动成本}}{\text{单价}} + \frac{\text{单位边际贡献}}{\text{单价}}$$

$$= \frac{\text{单位变动成本} + (\text{单价} - \text{单位变动成本})}{\text{单价}} = 1$$

例3-8 仍沿用例3-5的资料计算:

变动成本率 + 边际贡献率 = 50% + 50% = 1

(3) 基本的边际贡献方程式

由于创造了"边际贡献"这个新的概念,上面介绍的基本的损益方程式可以改写成新的形式。

因为:利润 = 销售收入 - 变动成本 - 固定成本 = 边际贡献 - 固定成本

所以:利润 = 销量 × 单位边际贡献 - 固定成本   (3.21)

这个方程式,也可以明确表达本量利之间的数量关系。

例3-9 某企业只生产一种产品,单价6元,单位变动成本3元,销量600件,固定成本1 000元,则:

利润 = (6 - 3) × 600 - 1 000 = 800(元)

这个方程式,可以根据需要变换成其他形式:

$$\text{销量} = \frac{\text{固定成本} + \text{利润}}{\text{单位边际贡献}}$$

$$\text{单位边际贡献} = \frac{\text{固定成本} + \text{利润}}{\text{销量}}$$

固定成本 = 销量 × 单位边际贡献 - 利润

(4) 边际贡献率方程式

上述边际贡献方程式,还可以利用"边际贡献率"改写成下列形式。

因为:$\text{边际贡献率} = \frac{\text{边际贡献}}{\text{销售收入}} \times 100\%$

边际贡献 = 销售收入 × 边际贡献率

利润 = 边际贡献 - 固定成本

所以:利润 = 销售收入 × 边际贡献率 - 固定成本   (3.22)

例3-10 根据例3-9的资料计算:

边际贡献率 = $\frac{6-3}{6} \times 100\% = 50\%$

利润 = (6 × 600) × 50% - 1 000 = 800(元)

这个方程式,根据需要可以改写成下列变换形式:

$$\text{销售收入} = \frac{\text{固定成本} + \text{利润}}{\text{边际贡献率}}$$

$$边际贡献率 = \frac{固定成本 + 利润}{销售收入} \times 100\%$$

$$固定成本 = 销售收入 \times 边际贡献率 - 利润$$

这个方程式,也可以用于多品种企业。由于多种产品的销售收入可以直接相加,所以,问题的关键是计算多种产品的加权平均边际贡献率。

$$加权平均边际贡献率 = \frac{\sum 各产品边际贡献}{\sum 各产品销售收入} \times 100\% \qquad (3.23)$$

例 3 - 11 某企业生产甲、乙、丙三种产品,固定成本 2 000 元,有关资料见表 3 - 1,请计算其预期利润。

表 3 - 1　　　　　　　　　　销售和成本计划资料　　　　　　　　　　单位:元、%

产品	单价	单位变动成本	单位边际贡献	销量
甲	10	8	2	100
乙	9	6	3	300
丙	8	4	4	500

根据表 3 - 1 的资料计算:

$$加权平均边际贡献率 = \frac{2 \times 100 + 3 \times 300 + 4 \times 500}{10 \times 100 + 9 \times 300 + 8 \times 500} \times 100\%$$

$$= \frac{3\ 100}{7\ 700} \times 100\% = 40.26\%$$

加权平均边际贡献率也可以用另外的方法计算。设有 n 种产品,以 CM 表示边际贡献,S 表示销售收入,则:

$$加权平均边际贡献率 = \frac{CM}{S} = \frac{CM_1 + CM_2 + \cdots + CM_n}{S_1 + S_2 + \cdots + S_n}$$

$$= \frac{CM_1}{S} + \frac{CM_2}{S} + \cdots + \frac{CM_n}{S}$$

$$= \frac{CM_1}{S_1} \times \frac{S_1}{S} + \frac{CM_2}{S_2} \times \frac{S_2}{S} + \cdots + \frac{CM_n}{S_n} \times \frac{S_n}{S} \qquad (3.24)$$

由于:某产品边际贡献率 $= \dfrac{CM_i}{S_i}$

某产品销售占总销售比重 $= \dfrac{S_i}{S}$

所以:加权平均边际贡献率 $= \sum ($各产品边际贡献率 $\times$ 各产品占总销售比重$)$

根据表 3 - 1 的资料,整理成表 3 - 2。

表 3-2　　　　　　　　　加权平均边际贡献率　　　　　　　单位：元、%

产品	单价	单位边际贡献	销量	边际贡献	销售收入	边际贡献率	占总销售比重
甲	10	2	100	200	1 000	20.00	12.99
乙	9	3	300	900	2 700	33.33	35.06
丙	8	4	500	2 000	4 000	50.00	51.95
合计				3 100	7 700		100.00

加权平均边际贡献率 = 20% × 12.99% + 33.33% × 35.06% + 50% × 51.95%
　　　　　　　　　= 40.26%

利润 = 销售收入 × 边际贡献率 - 固定成本
　　 = 7 700 × 40.26% - 2 000 = 1 100（元）

第二节　保本条件下的本量利分析

本节在通过介绍保本、保本状态和保本分析等基本概念的基础上，着重介绍单一品种和多品种条件下保本点的确定，讨论了如何利用保本点指标评价企业的安全程度。

一、保本分析概述

1. 保本分析的基本概念

保本是指企业在销售某种产品时获得的销售收入与发生的销售成本相等。即收支相等、不盈不亏、利润为零的专门术语。在此特殊情况下，则称为企业达到保本状态。

保本分析是研究保本状态时本量利关系的一种定量分析方法，是本量利分析的核心内容之一，是确定企业经营安全程度和进行本量利分析的基础，又被称为盈亏平衡分析、损益平衡分析、两平分析等。保本分析在研究成本、销售收入和利润三者相互关系的基础上，主要内容包括确立保本点、评价企业经营安全程度和保本状态的判定。

2. 保本点的概念及形式

保本点又称盈亏平衡点、盈亏临界点，是指企业的销售量或销售额正好使企业实现既不盈利也不亏损的状态。即在该业务量水平下，企业的收入等于全部成本，超过这个业务量水平时，企业盈利；反之，低于这个业务量水平，就会发生亏损。保本点有两种表现形式：一是保本销售量，用实物量表示，简称保本量；二是保本销售额，用货币金额表示，简称保本额。

二、单一品种本量利分析

(一) 单一品种本量利分析的假定条件

单一品种本量利分析所建立和使用的有关数学模型与图形，是以下基本假定为前提条件的：

(1) 生产单一产品；

(2) 销售量等于产量。这就要求必须基于精确的市场需求预测，以销定产；

(3) 成本划分为固定成本与可变成本；

(4) 固定成本在一定范围内与产量无关；

(5) 单位产品可变成本不变，总可变成本是产量的线性函数；

(6) 销售单价相对固定，销售收入是销售量的线性函数。

（二）单一品种的保本分析

单一品种的保本分析有图解法、基本等式法、贡献边际法。

1. 图解法

图解法是指通过绘制保本图来确定保本量和保本额位置的方法。其作图步骤如下：

(1) 建立坐标图，横轴表示产量或销量，纵轴表示金额；

(2) 画一条与横轴平行的直线，表示固定成本；

(3) 以原点为起点，画一条以单位变动成本为斜率的直线，表示变动成本总额；

(4) 将变动成本总额线向上平移等于固定成本的距离，表示成本总额；

(5) 以原点为起点，画一条以单价为斜率的直线，表示销售收入。

销售收入线与成本总额线的交点即为保本点，交点对应的数量为保本量，金额为保本额。

保本图如图 3-1 所示。

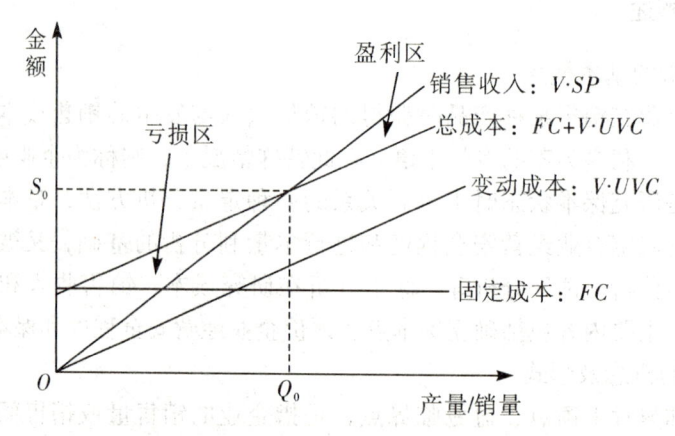

图 3-1 盈亏平衡分析图

其中，Q_0 为保本量；S_0 为保本额。

此法的优点在于形象、直观、容易理解，但由于绘图比较麻烦，且保本量和保本额数值的确定都需要在数轴上读出，因此主观性强，结果不是很准确。

2. 基本等式法

基本等式法是根据本量利分析的基本等式而建立的相应保本点的测算公式。根据保本点的定义，可以建立以下等式：

利润 = 单价 × 销量 - 单位变动成本 × 销量 - 固定成本 (3.25)

令利润等于 0，此时的销量为保本点销售量：

0 = 单价 × 保本点销售量 - 单位变动成本 × 保本点销售量 - 固定成本

$$保本量(Q_0) = \frac{固定成本}{单价-单位变动成本} = \frac{FC}{SP-UVC} \qquad (3.26)$$

$$保本额(S_0) = 单价 \times 保本量 = SP \cdot Q_0$$

例 3-12　甲企业只生产一种产品，其单位销售价格为 40 元，单位变动成本为 15 元，固定成本为 9 000 元，计算保本点销售量。

解：保本量 $= \dfrac{9\,000}{40-15} = 360$（件）

保本额 $= 40 \times 360 = 14\,400$（元）

3. 贡献边际法

贡献边际法是指利用贡献边际与业务量、利润之间的关系直接计算保本量和保本额的一种方法。即企业生产产品的利润为零或贡献边际刚好能够补偿固定成本时，企业处于保本状态。则有以下公式：

贡献边际 – 固定成本 = 0

单位贡献边际 × 保本量 – 固定成本 = 0

可以推导出：

$$保本量（Q_0）= \frac{固定成本}{单位贡献边际} = \frac{FC}{cm} \qquad (3.27)$$

$$保本额（S_0）= \frac{固定成本}{贡献边际率} = \frac{FC}{cmR} \qquad (3.28)$$

$$= \frac{固定成本}{1-变动边际率} = \frac{FC}{1-bR}$$

例 3-13　仍按例 3-12 资料，要求按贡献边际法计算该企业的保本点指标。

保本量（Q_0）$= \dfrac{FC}{cm} = \dfrac{9\,000}{40-15} = 360$（件）

保本额（S_0）$= \dfrac{FC}{cmR} = \dfrac{9\,000}{(40-15)\div 40} = 14\,400$（元）

（三）影响保本点的有关因素分析

在进行本量利分析时，我们都假设单价、销量、单位变动成本、固定成本等因素是不变的，但在实际中这种不变只是暂时的，从长期看不可能维持长久的平衡性。因此研究有关因素变动对保本点影响的规律十分必要，能为管理预测和决策提供指导。

1. 单一单价变动的影响

单价的变动会引起单位贡献边际或贡献边际率的同向变动，使得有关保本点业务量和实现目标利润业务量计算公式的分母改变，从而改变保本点。当单价上涨时，会使单位贡献边际上升和贡献边际率下降，相应会降低保本点，使企业的经营状态向好的方向发展；反之，当单价下降时，结果正好相反。

2. 单一单位变动成本的影响

单位变动成本的变动会引起单位贡献边际或贡献边际率向反方向变动，使得保本点的变动趋势与单价变动的影响相反。即单位变动成本上升时，会提高保本点，使企业的经营状况向不好的方向发展；反之，当单位变动成本下降时，情况正好相反。

3. 单一固定成本变动的影响

固定成本的变动会改变保本点业务量计算公式的分子，固定成本增加会使保本点提高，有利于企业的发展；反之则相反。

4. 单一销售量变动的影响

销售量的变动不会影响保本点的变动。

例 3 - 14　某企业产销甲产品，预计年销售量 27 000 件，每件售价 2 元，单位变动成本 1.5 元，固定成本 10 000 元，求盈亏平衡时的销售量与达到预计年销售量时的利润。

解：保本量 = 10 000 ÷ （2 - 1.5） = 20 000（件）

利润 = 27 000 × （2 - 1.5） - 10 000 = 3 500（元）

下面，我们依据上述基本数据，进行的对于保本点影响的相关因素分析。

（1）单位售价变动的影响

如其他因素不变，仅单价提高到 2.5 元，则：

保本点的销售量降低到：10 000 ÷ （2.5 - 1.5） = 10 000（件）

实现目标利润的销售量降低到：（10 000 + 3 500）÷ （2.5 - 1.5） = 13 500（件）

如可实现预计年销售量，则目标利润上升到：27 000 × （2.5 - 1.5） - 10 000 = 17 000（元）

由上面计算可得，当单价上涨时，会使单位贡献边际上升和贡献边际率上升，相应会降低保本点。

（2）单位变动成本变动的影响

如其他因素不变，仅单位变动成本降低到 1.2 元，则：

盈亏平衡点的销售量降低到：10 000 ÷ （2 - 1.2） = 12 500（件）

实现目标利润的销售量降低到：（10 000 + 3 500）÷ （2 - 1.2） = 16 875（件）

如可实现预计年销售量，则目标利润上升到：27 000 × （2 - 1.2） - 10 000 = 11 600（元）

由上面计算可得，单位变动成本降低 20%，则利润上升 2.314 倍，可见，单位变动成本降低 1%，则利润上升 11.57%，即利润对单位变动成本的敏感度为 11.57%。

（3）固定成本变动的影响

如其他因素不变，仅固定成本提高到 12 000 元，则：

盈亏平衡点的销售量降低到：12 000 ÷ （2 - 1.5） = 24 000（件）

实现目标利润的销售量降低到：（12 000 + 3 500）÷ （2 - 1.5） = 31 000（件）

如可实现预计年销售量，则目标利润降低到：27 000 × （2 - 1.5） - 12 000 = 1 500（元）

由上面计算可得，固定成本提高 20%，则利润降低 57.14%，可见，固定成本提高 1%，则利润降低 2.857%，即利润对固定成本的敏感度为 2.857%。

（4）销售量变动的影响

如其他因素不变，仅销售量提高到 29 700 件，则：

盈亏平衡点的销售量与实现目标利润的销售量均不变，但如可实现该销售量，则目标利润上升到：29 700 × （2 - 1.5） - 10 000 = 4 850（元）

由上面计算可得，销售量提高10%，则利润上升38.57%，可见，销售量提高1%，则利润上升3.857%，即利润对销售量的敏感度为3.857%。

（5）多因素同时变动的影响

在现实经济生活中，以上各个因素常常是相互影响的，因此，需要综合计算各因素同时变动对目标利润的影响。

A. 如单价提高到2.5元，固定成本提高到12 000元，则：

盈亏平衡点的销售量降低到：12 000 ÷（2.5 - 1.5）= 12 000（件）

实现目标利润的销售量降低到：（12 000 + 3 500）÷（2.5 - 1.5）= 15 500（件）

如可实现预计年销售量，则目标利润上升到：27 000 ×（2.5 - 1.5）- 12 000 = 15 000（元）

B. 如企业的生产能力还有剩余，能增加产量，可采用薄利多销的政策，单位售价降低到1.9元，这可使销售量增加到30 375件，则：

盈亏平衡点的销售量降低到：10 000 ÷（1.9 - 1.5）= 25 000（件）

实现目标利润的销售量降低到：（10 000 + 3 500）÷（1.9 - 1.5）= 33 750（件）

降价后的预计年销售量是30 375件，则目标利润会减少到：30 375 ×（1.9 - 1.5）- 10 000 = 2 150（元）

可见，由于销量增加的幅度过小，采用薄利多销的政策会使企业蒙受1 350元的损失。

三、多品种本量利分析

单品种线性盈亏平衡分析的假定条件之一是生产单一产品。但在实际经济生活中，大多数企业都不止生产销售一种产品。因此，在企业生产销售多种产品时，就需要进一步研究适用于多品种条件下的本量利分析方法与模型。

在多品种条件下的本量利分析方法有多种形式，在实务中运用较广泛的是加权平均贡献边际率法。

加权平均贡献边际率法是指在掌握每种产品本身的单位贡献边际率的基础上，按各种产品销售额占全部产品总销售额的比重进行加权平均，据以计算综合贡献边际率，进而计算多品种保本点与保利点的一种方法。其计算步骤如下：

首先，求出加权贡献边际率。

加权贡献边际率 = $\sum$（某种产品的贡献边际率 × 该产品的销售额比重）

或

加权贡献边际率 = $\dfrac{\sum 各种产品的贡献边际}{\sum 各种产品销售额} \times 100\%$

其次，求整个企业综合的保本销售额。

综合保本销售额 = 固定成本 ÷ 加权贡献边际率

最后，计算各种产品的保本点销售额和保本点销售量。

某产品的保本额 = 综合保本额 × 该产品的销售额比重　　　　(3.29)

某产品的保本量 = 该产品的保本额 ÷ 该产品的单价　　　　(3.30)

例 3-15 设某企业的年固定成本为 313 500 元,生产甲、乙、丙三种产品,有关资料如表 3-3 所示。要求计算各产品的保本销售额与销售量。

表 3-3　　　　　　　　　　企业生产和销售资料

项目＼产品	销售量（件）	单价（元）	销售额（元）	单位变动成本（元）	单位贡献边际（元）	贡献边际率
甲	45 000	10	450 000	7.5	2.5	25%
乙	45 000	5	225 000	3	2	40%
丙	30 000	2.5	75 000	1	1.5	60%
合计	—		750 000	—	—	—

要求：计算各产品的保本销售额与销售量。

解：甲产品的销售额比重 = 450 000 ÷ 750 000 = 60%

乙产品的销售额比重 = 225 000 ÷ 750 000 = 30%

丙产品的销售额比重 = 75 000 ÷ 750 000 = 10%

加权贡献边际率 = 25% × 60% + 40% × 30% + 60% × 10% = 33%

综合保本额 = 313 500 ÷ 33% = 950 000（元）

甲产品的保本额 = 950 000 × 60% = 570 000（元）

乙产品的保本额 = 950 000 × 30% = 285 000（元）

丙产品的保本额 = 950 000 × 10% = 95 000（元）

甲产品的保本量 = 570 000 ÷ 10 = 57 000（件）

乙产品的保本量 = 285 000 ÷ 5 = 57 000（件）

丙产品的保本量 = 95 000 ÷ 2.5 = 38 000（件）

四、安全边际和安全边际率

与保本点密切相关的还有一个概念,即安全边际。安全边际是指产品正常销售量或销售额超过保本点销售量或销售额的差额。差额的大小反映了产品的安全幅度,差额越大,发生亏损的可能性就越小,安全程度就越高;反之则安全程度就越低。

由于保本点有两种表现形式,因此安全边际也有两种表现形式：一种用实物量表示,称为安全边际销售量（MS_u）；一种用货币金额表示,称为安全边际额（MS_d）[①]。根据安全边际与保本点之间的关系,安全边际的计算公式如下。

安全边际量(MS_u) = 实际或预计销售量(S_u) - 保本销售量(BE_u)　　(3.31)

安全边际额(MS_d) = 实际或预计销售额(S_d) - 保本销售额(BE_d)　　(3.32)

---

① 谢琨. 管理会计 [M]. 北京：清华大学出版社,北京交通大学出版社,2008：65.

或

安全边际额(MS_d) = 安全边际量(MS_u) × 销售单价(SP)   (3.33)

安全边际除了可以用销售量（额）与保本点的销售量（额）的差额（绝对值）表示外，还可以用相对值表示，即安全边际率。

$$安全边际率 = \frac{安全边际量（额）}{实际或预计销售量（额）} \times 100\% \quad (3.34)$$

例 3 – 16 某企业生产 A 产品，每件售价为 20 元，每件单位变动成本为 15 元，固定成本总额为 10 000 元，计算该企业实际销售量达到 3 500 件时的安全边际和安全边际率。

解：保本点销售量 = $\frac{10\,000}{20-15}$ = 2 000（件）

保本点销售额 = 20 × 2 000 = 40 000（元）

安全边际量 = 3 500 – 2 000 = 1 500（件）

或

安全边际额 = 20 × 3 500 – 40 000 = 30 000（元）

安全边际率 = $\frac{安全边际量}{实际销售量} \times 100\% = \frac{1\,500}{3\,500} \times 100\% = 42.6\%$

或

安全边际率 = $\frac{安全边际额}{实际销售额} \times 100\% = \frac{30\,000}{20 \times 3\,500} \times 100\% = 42.6\%$

安全边际和安全边际率的数值越大，企业发生亏损的可能性越小，企业就越安全。安全边际率是相对指标，便于不同企业和不同行业的比较。企业安全性的经验数据见表 3 – 4。

表 3 – 4   **安全性检验标准**

安全边际率	40% 以上	30% ~ 40%	20% ~ 30%	10% ~ 20%	10% 以下
安全等级	很安全	安全	较安全	值得注意	危险

由于安全边际是预计销售量（销售额）超过保本点销售量（销售额）的差额，而这部分销售量（销售额）所产生的贡献边际能为企业创造利润，因而还可以利用安全边际指标推算出企业预计利润率，进一步揭示销售利润率与安全边际成本率之间的关系。

利润 = 安全边际销售量 × 单位产品贡献毛益

   = 安全边际销售量 × 单价 × $\frac{单位产品贡献毛益}{单价}$ × 100%   (3.35)

   = 安全边际销售收入 × 贡献毛益率

将上式两边同时除以产品销售收入，则有：

$$\frac{利润}{产品销售收入} = \frac{安全边际销售收入}{产品销售收入} \times 贡献毛益率 \quad (3.36)$$

则：销售利润率 = 安全边际率 × 贡献毛益率

第三节 保利条件下的本量利分析

保本分析是特殊条件下的本量利分析，在此基础上本节进一步研究企业处于盈利条件下的本量利分析，重点研究保利点、保净利点。

一、保利分析的意义

保本分析以利润为零、企业不盈利也不亏损为前提条件。在此基础上经过简化建立了定量化模型。但是本量利的分析不能仅仅局限于企业利润为零，因为企业作为现代市场经济活动中独立核算自负盈亏的商品生产者和经营者，不仅要保本，还要有盈利，否则就无法生存与发展。

保利分析，又称盈利条件下本量利分析、实现目标利润分析，是指在单价和成本水平既定的情况下，为确保实现确定的目标利润能够实现而应达到的销售量和销售额。企业只有在考虑盈利条件下，才能充分揭示成本、业务量和利润之间的关系。保利分析是保本点分析的延伸和拓展。

二、保利分析的应用

（一）实现目标利润的保利点

1. 保利点的含义

保利点是指在单价和成本水平确定的情况下，为保证目标利润能够实现而应达到的销售量和销售额的通称。因此，保利点又称实现目标利润的业务量，具体包括保利量和保利额两个指标。

2. 保利点的计算

根据本量利分析的基本公式，可推导出保利点的计算公式如下：

$$\text{保利量} = \frac{\text{目标利润} + \text{固定成本}}{\text{单价} - \text{单位变动成本}} = \frac{\text{目标利润} + \text{固定成本}}{\text{单位贡献边际}} \quad (3.37)$$

$$\text{保利额} = \text{单价} \times \text{保利量}$$

$$= \frac{\text{固定成本} + \text{目标利润}}{\text{贡献边际率}}$$

$$= \frac{\text{固定成本} + \text{目标利润}}{1 - \text{变动成本率}} \quad (3.38)$$

例 3-17 甲企业只生产和销售单一产品，产品的单价为 40 元，单位变动成本为 10 元，固定成本为 40 000 元，设目标利润为 20 000 元。计算目标利润下的保利点。

解：实现目标利润的销售量 $= \dfrac{40\,000 + 20\,000}{40 - 10} = 2\,000$（件）

实现目标利润的销售额 $= \dfrac{40\,000 + 20\,000}{(40 - 10) \div 40} = 80\,000$（元）

（二）实现目标净利润的保利点

1. 保净利点的含义

目标净利润也称税后目标利润，是企业在一定时期缴纳所得税后实现的利润目标。目标利润是未扣除所得税前的利润。所得税费用对于实现了利润的企业来说，是一项必然支出。因此，从税后利润的角度进行目标利润的分析和预测，对企业来说更为适用。保净利点包括保净利量和保净利额两个指标。

2. 保净利点的计算

在保利点计算公式的基础上，可推导出如下保净利点的计算公式：

$$目标净利润 = 目标利润 \times (1 - 所得税税率)$$

$$目标利润 = \frac{目标净利润}{1 - 所得税税率}$$

则

$$保净利量 = \frac{固定成本 + \dfrac{目标净利润}{1 - 所得税税率}}{单价 - 单位变动成本} = \frac{固定成本 + \dfrac{目标净利润}{1 - 所得税税率}}{单位边际贡献} \quad (3.39)$$

$$保净利额 = \frac{固定成本 + \dfrac{目标净利润}{1 - 所得税税率}}{贡献边际率} \quad (3.40)$$

假定例 3 - 17 中的条件不变，税后目标利润为 26 250 元，所得税税率为 25%。则有：

$$保净利量 = \frac{40\,000 + \dfrac{26\,250}{1 - 25\%}}{40 - 10} = 2\,500 （件）$$

$$保净利额 = \frac{40\,000 + \dfrac{26\,250}{1 - 25\%}}{(40 - 10) \div 40} = 100\,000 （元）$$

第四节　本量利关系中的敏感性分析

敏感性分析是应用比较广泛的一种分析方法，本节在介绍敏感性分析含义及意义的基础上，着重介绍敏感性分析的具体应用。

一、敏感性分析概述

1. 敏感性分析的含义

敏感性分析是指从定量分析的角度研究有关因素发生某种变化对某一个或一组关键指标影响程度的一种不确定分析技术。其实质是通过逐一改变相关变量数值的方法来解释关键指标受这些因素变动影响大小的规律。管理会计进行预测和决策分析，必须依据众多的定量指标，但这些指标精度的高低关系到预测和决策结论的信度和效度。不管是在条件确定还是不确定的情况下，影响这些指标的因素也很多。尤其在不确定条件下，因素的变动是必然的，变动的幅度和变动方向都缺乏规律性，使因素与指标间的关系变得更为复杂。同时，不同的因素对指标影响的敏感程度是不同的，因此企业管理当局在预测和决策时，对敏感性高的因素必须予以高度重视，这样才可能抓住问题的关键所在；对敏感性低的因素，则可以不予以重点分析。

2. 保本点敏感性分析的意义

本量利关系中的敏感性分析主要研究的是有关因素发生多大变化时会使企业由盈利变为亏损和有关因素变化时对利润变化的影响程度两方面的问题。保本点敏感性分析是指在现有或预计销售量的基础上测算影响保本点的各个因素单独达到什么水平时仍能够确保企业不亏损的一种敏感性分析方法①。根据本量利分析中涉及的要素，该法是在假设其中某一因素变动的情况下，其他因素保持不变，从而计算并确定影响企业保本点的单价、单位变动成本和固定成本等因素在现有水平的基础上的变动幅度，以便企业及时采取对策，使生产经营活动处于良好的运转中。

二、敏感性分析的应用

1. 临界值的确定

临界值是企业处在既不盈利也不亏损正好保本状态的销售量或销售额，具体讲就是达到盈亏保本点的销售量和单价的最小值以及单位变动成本和固定成本的最大允许值②。

由目标利润的模型 $P = V \times (SP - UVC) - FC$ 可得

令 $P = 0$ 时，销售量的临界值 $(V) = \dfrac{\text{固定成本}}{\text{单价} - \text{单位变动成本}} = \dfrac{FC}{SP - UVC}$ （3.41）

单价的临界值 $(SP) = \dfrac{\text{固定成本}}{\text{销售量}} + \text{单位变动成本} = \dfrac{FC}{V} + UVC$ （3.42）

单位变动成本的临界值 $(VC) = \text{单价} - \dfrac{\text{固定成本}}{\text{销售量}} = SP - \dfrac{FC}{V}$ （3.43）

固定成本的临界值 $(FC) = (\text{单价} - \text{单位变动成本}) \times \text{销售量}$
$= (SP - UVC) \times V$ （3.44）

例 3-18 Y 公司只生产和销售一种汽车配件产品，该产品的单位售价是 9 元/件，单位变动成本是 6 元/件，固定成本是 120 000 元，销售量为 50 000 件。则目标利润为：

$P = 50\,000 \times (9 - 6) - 120\,000 = 30\,000$（元）

（1）销售量的临界值（最小值）

$V = \dfrac{FC}{SP - UVC} = \dfrac{120\,000}{9 - 6} = 40\,000$（件）

最低销售量为 40 000 件，再低就要发生亏损，所以实际销售量只要达到预计销售

---

① 吴大军，牛秀彦，王满. 管理会计 [M]. 大连：东北财经大学出版社，2004：29.
② 陈艳，姜振丽. 管理会计 [M]. 北京：机械工业出版社，2009：99.

量的 80%，企业就能保本。

(2) 单价的临界值（最小值）

$$SP = \frac{FC}{V} + UVC = \frac{120\ 000}{50\ 000} + 6 = 8.4（元）$$

最低单价为 8.4 元/件，在这个价格上企业不盈不亏，只要单价降幅不超过 6.67% [(9-8.4)/9]，企业就不会发生亏损。

(3) 单位变动成本的临界值（最大值）

$$UVC = SP - \frac{FC}{V} = 9 - \frac{120\ 000}{50\ 000} = 6.6（元）$$

当单位变动成本由 6 元/件上升到 6.6 元/件时，企业的利润将由 30 000 元变为 0，6.6 元/件为企业所能承受的单位变动成本的最大值，其变动成本率为 10%[(6.6-6)/6]。

(4) 固定成本的临界值（最大值）

$$FC = (SP - UVC) \times V = 50\ 000 \times (9 - 6) = 150\ 000（元）$$

若其他条件不变，固定成本最大为 150 000 元，此时企业正好保本。

2. 敏感性分析

根据本量利分析的基本公式，可知企业利润受销售量、单价、单位变动成本、固定成本诸因素的影响，但这些因素对利润的影响程度是不同的。为了反映敏感程度，引进敏感系数这一指标，其计算公式为：

$$敏感系数 = \frac{目标值变动百分比}{因素值变动百分比} \tag{3.45}$$

现举例说明有关敏感系数的计算。

(1) 销售量的敏感系数

在例 3-18 中，假设其他条件不变，销售量上涨 20%，则：

$V = 50\ 000\ (1 + 10\%) = 55\ 000（件）$

$P = 55\ 000 \times (9 - 6) - 120\ 000 = 45\ 000（元）$

$$利润变动百分比 = \frac{45\ 000 - 30\ 000}{30\ 000} \times 100\% = 50\%$$

$$销售量敏感系数 = \frac{50\%}{20\%} = 2.5$$

(2) 单价的敏感系数

在例 3-18 中，假设其他条件不变，单价上涨 10%，则：

$SP = 9 \times (1 + 5\%) = 9.45（元/件）$

$P = 50\ 000 \times (9.45 - 6) - 120\ 000 = 52\ 500（元）$

$$利润变动百分比 = \frac{52\ 500 - 30\ 000}{30\ 000} \times 100\% = 75\%$$

$$单价敏感系数 = \frac{75\%}{10\%} = 7.5$$

(3) 单位变动成本的敏感系数

在例 3-18 中,假设其他条件不变,单位变动成本上升 8%,则:

$UVC = 6 \times (1 + 8\%) = 6.48$ (元/件)

$P = 50\ 000 \times (9 - 6.48) - 120\ 000 = 6\ 000$

利润变动百分比 $= \dfrac{6\ 000 - 30\ 000}{30\ 000} \times 100\% = -80\%$

单价敏感系数 $= \dfrac{-80\%}{8\%} = -10$

(4) 固定成本的敏感系数

在例 3-18 中,假设其他条件不变,固定成本上涨 15%,则:

$FC = 120\ 000 \times (1 + 15\%) = 138\ 000$ (元)

$P = 50\ 000 \times (9 - 6) - 138\ 000 = 12\ 000$ (元)

利润变动百分比 $= \dfrac{12\ 000 - 30\ 000}{30\ 000} \times 100\% = -60\%$

固定成本敏感系数 $= \dfrac{-60\%}{15\%} = -4$

从上述各因素的敏感系数计算中,可以归纳出以下规律:

(1) 敏感系数的符号代表了变动关系。如果某因素的敏感系数为正号,则表明该因素的变动与利润的变动呈正向关系;如某因素的敏感系数为负号,则表明该因素的变动与利润的变动呈反向关系。

(2) 敏感系数的大小代表了敏感程度的强弱。利润对各个因素的敏感程度主要取决于敏感系数的大小,敏感系数越大,敏感程度越高;敏感系数越小,敏感程度越低。

思考题

1. 什么是本量利分析?它的内容和用途是什么?
2. 保本点、保利点是什么?如何进行测算?
3. 什么是安全边际和安全边际率?该指标的意义是什么?
4. 在因素不确定的情况下,应如何进行保本点分析?
5. 如何进行单一品种和多品种本量利分析?举例说明计算方法。
6. 本量利中敏感性分析的意义?

练习题

习题一

1. 目的：练习单一品种保本点的分析。
2. 资料：某企业生产和销售一种产品，预计单位变动生产成本为65元，单位销售价为100元，全月固定成本总额为60 000元，预计销售量为2 000件。
3. 要求：
(1) 计算该产品的保本点销售量。
(2) 计算该产品的安全边际、安全边际率。
(3) 若要求实现目标利润45 000元，则目标销售量和目标销售额为多少？
(4) 若该产品的售价下降到85元，则需销售多少件产品才能获利20 000元。

习题二

1. 目的：练习多品种保本点计算。
2. 资料：某企业生产A、B、C三种产品，其有关资料如表3-5所示。

表3-5　　　　　　　　某企业有关资料

项目	销售量	单价	单位变动成本	固定成本
A	10 000件	10元	8.5元	—
B	2 500件	20元	16元	—
C	1 000件	50元	25元	—
合计	—	—	—	30 000元

3. 要求：用加权平均法计算综合贡献毛益率，并求出企业综合保本点销售额及各种产品的保本点销售额。

习题三

1. 目的：练习临界值的计算和进行敏感系数分析。
2. 资料：假设某企业只生产和销售一种产品，计划年度内有关数据如下：预计销售量为5 000件，单价50元/件，单位变动成本为30元/件，固定成本为60 000元。
3. 要求：
(1) 计算实现目标利润的有关临界值。
(2) 假设销售量、单价、单位变动成本和固定成本分别增长10%，各因素的敏感系数如何变化？

习题四

1. 目的：练习本量利分析方法的运用技巧。
2. 资料：某企业产销一种产品，2011年度有关资料如下：销售收入总额为500 000

元，变动成本总额为 350 000 元，固定成本总额为 210 000 元，亏损为 100 000 元。

3. 要求：

（1）计算在目前条件下使产品扭亏至少需要增加的销售额。

（2）如果固定成本下降为 180 000 元，试问产品的销售额应增加多少才不会亏损？

（3）如果固定成本下降 20%，边际贡献率在原有基础上提高 20% 时的保本点销售额。

（4）如果该厂进行挖潜革新使变动成本总额和固定成本分别下降 20%，这时的保本点销售额又应为多少？

（5）计算在（4）条件下的安全边际额和安全边际率。

第四章 预测与决策

学习目标

通过本章学习，了解预测的概念、程序、预测的基本内容，掌握销售预测的基本方法、成本预测基本方法、资金需求量预测基本方法，了解决策的相关概念、决策的程序、决策的种类，掌握生产经营决策的基本方法。

第一节 预测概述

一、预测的概念

预测就是根据过去和现有的信息，运用一定的科学手段和方法，预计和推测事物未来的发展趋势。预测的主要特点是根据过去和现状预计未来，根据已知推测未知。

预测的对象为未来的不确定事件或事件的不确定的未来情况，所以预测具有以下三个基本特征：

（1）对任何情况的预测都面向未来，并直接涉及时间。预测必须是对时间上某一特定的点作出，改变这个时间点往往会影响到预测的性质。

（2）预测中总是存在着不确定性。实际上企业所面临的一切情况都包含着不确定性，必须收集各种资料作为预测的依据，从而作出判断。

（3）各种预测都在不同程度上依靠了历史资料中包含的信息。也就是说，在大多数情况下，预测是直接地或间接地以历史资料的信息为根据，进行预计和推测的。

预测按其预测的内容可分为销售预测、成本预测、资金量预测，这些内容将在下面章节详细阐述。

二、预测的程序

预测的一般程序，大体可分为以下七个步骤：

（1）确定预测目标。即首先要弄清预测什么？是预测保本点还是预测利润；是预测销售量还是预测成本等。然后根据预测的具体对象和内容，确定预测的范围，并规定时间期限及数量单位等。

（2）收集并分析信息。系统而准确的相关信息及其他有关的原始资料和数据，是开展预测分析的前提条件。但必须注意收集的信息既要全面完整，又要比较可靠。有些信息还需进行加工、整理、归纳和鉴别，做到去伪存真、去粗取精。找出各因素之间相互依存、相互制约的关系，并从中发现事物发展的规律，从而展开预测。

（3）选择预测方法。对于定量预测，要选择预测分析的专门方法，建立数学模型。对于定性预测，也要选定方法，建立设想的逻辑思维模型，并拟订预测的调查提纲。

（4）实际进行预测。应用选定的预测方法和建立的模型。分别进行定量分析和定性分析，并提出实事求是的预测结果。

（5）对预测结果进行验证评价。经过一段时间，对上一阶段的预测结果，必须进行验证和分析评价。即以实际数与预测数进行比较，检查过去预测的结果是否准确，并找出误差原因，以便及时对原选择的预测方法和结论加以修正。这是个反复进行信息数据处理和选择判断的过程，是多次进行反馈的过程，其目的就是为了保证预测的结果尽可能符合实际情况。

（6）修正预测结果。对于原用定量方法进行的预测，常常由于某些因素的数据不充分或无法定量而影响预测的精度，这就需要用定性方法考虑这些因素，并修正定量预测的结果。对于原用定性方法预测的结果，往往也需应用定量方法加以修正和补充，使预测结果更接近实际情况。总而言之，预测过程是定量分析与定性分析相结合的过程。

（7）输出最后预测结论。根据上一阶段的修正和补充，把最后的预测结论传递给有关管理部门。

第二节　销售预测

一、销售预测概述

销售预测是在对市场进行充分调查的基础上，根据市场供求情况的发展趋势，以及本企业的营销策略，对某种商品在计划期的销售量和销售额进行预计和推测。

销售预测的作用与意义：是订购材料、安排人工、规划生产、处理财务的基础，是企业全面预算的出发点；有利于提高企业经营决策的科学性，便于"以销定产"，使企业重视质量、成本和效益。

二、销售预测基本方法

（一）趋势预测法

趋势预测分析法根据所采用的具体数学方法的不同，又可分为算术平均法、移动加权平均法、指数平滑法、回归分析法和二次曲线法以及季节指数法等。

（1）算术平均法

算术平均法，是以过去若干期的销售量或销售额的算术平均数，作为计划期的销售预测值。其计算公式为：

计划期销售预测值 = $\dfrac{各期销售量(或销售额)之和}{期数}$

即 $\bar{X} = \dfrac{\sum X_i}{n}$

例4-1 某公司2012年上半年销售A类产品的六个月的销售额资料,如表4-1所示。要求预测2012年7月份A类产品的销售额。

表4-1　　　　　　　　A公司2012年1~6月销售额统计资料

月份	1	2	3	4	5	6
销售额（万元）	14.8	14.6	15.2	14.4	15.6	15.4

由算术平均法计算公式得:

$$\bar{X} = \dfrac{\sum X_i}{n} = \dfrac{14.8 + 14.6 + 15.2 + 14.4 + 15.6 + 15.4}{6} = 15 \text{（万元）}$$

（2）移动加权平均法

移动加权平均法,是对过去若干期的销售量或销售额,按其距离预测期的远近分别进行加权（近期所加权数大些,远期所加权数小些）,然后计算其加权平均数,并以此作为计划期的销售预测值。

移动加权平均法的计算公式为:

计划期销售预测值 = 各期销售量（额）分别乘其权数之和

$$\bar{X} = \sum X_i \cdot W_i$$

其中 $\sum W_i = 1$

为了反映近期的销售发展趋势,西方统计上,在上述公式内再加上平均每月销售变动趋势值（b）,作为计划期的销售预测值。

$$\bar{X} = \sum X_i \cdot W_i + b$$

$$b = \dfrac{本季度平均每月实际销售量(额) - 上季度平均每月实际销售量(额)}{3}$$

例4-2 依例4-1,根据四五六三个月的观测值,按移动加权平均法,预测2012年7月份的销售额。

①计算平均每月销售变动趋势值:

三季度月平均实际销售额 = $\dfrac{14.8 + 14.6 + 15.2}{3}$ = 14.867（万元）

四季度月平均实际销售额 = $\dfrac{14.4 + 15.6 + 15.4}{3}$ = 15.133（万元）

$b = \dfrac{15.133 - 14.867}{3} = 0.089$（万元）

②取权数 $W_1 = 0.2$, $W_2 = 0.3$, $W_3 = 0.5$

$\bar{X} = (14.4 \times 0.2 + 15.6 \times 0.3 + 15.4 \times 0.5) + 0.089 = 15.349$（万元）

(3) 指数平滑法

指数平滑法是利用平滑系数（加权因子），对过去不同期间的实际销售量或销售额进行加权计算，作为计划期的销售预测值。

令 D 表示实际值，F 表示预测值，小标 t 表示第 t 期，a 表示平滑系数（$0 \leq a \leq 1$），有计算公式：

计划期销售值 =（平滑系数 × 上期实际销量）+（1 - 平滑系数）× 上期预测销售数

则：$F_t = a \cdot D_{t-1} + (1-a) \cdot F_{t-1}$。

例 4 - 3 依例 4 - 1，该公司 6 月份 A 类商品实际销售额 15.4 万元，原来预测 6 月份的销售额为 14.8 万元。平滑系数为 0.7。要求按指数平滑法预测，2012 年 7 月份该类商品的销售额。

2012 年 7 月份的预测值，由其计算公式得：

$F_7 = a \cdot D_6 + (1-a) \cdot F_6$

$= 0.7 \times 15.4 + (1 - 0.7) \times 14.8$

$= 15.22$（万元）

（二）因果预测分析法

因果预测分析法又称相关预测分析法，是利用事物发展的因果关系来推测事物发展趋势的方法。即根据过去资料，找变量与变量之间的依存关系，来建立因果预测数学模型。

因果预测所采用的具体方法较多，最常用而且比较简单的是"最小平方法"，亦即"回归分析法"。

其具体做法是，以 x 代表预测对象的相关因素变量，以 y 代表预测对象的销售量或销售额，建立模型如下：

$$y = a + bx \quad a = \frac{\sum y - b \sum x}{n} \quad b = \frac{n \sum xy - \sum x \sum y}{n \sum x^2 - (\sum x)^2}$$

相关系数 R 的计算公式如下：

$$R = \frac{n \sum xy - \sum x \sum y}{\sqrt{n \sum x^2 - (\sum x)^2 - [n \sum y^2 - (\sum y)^2]}}$$

相关系数 R 的取值范围为：$-1 \leq R \leq 1$。$|R|$ 愈接近 1，相关关系越密切。一般可按如下标准加以判断：

$0.7 \leq |R| \leq 1$，为较高程度相关；

$0.3 \leq |R| < 0.7$，为中等程度相关；

$0 < |R| < 0.3$，为较低程度相关。

例 4 - 4 某汽车轮胎厂专门生产汽车轮胎，而决定汽车轮胎销售量的主要因素是汽车销量。假如中国汽车工业联合会最近五年的实际销售量统计及该企业五年的实际销售量资料，如表 4 - 2 所示。

表 4-2　　　　　　　　　　　汽车、轮胎销售量统计资料

年度	2007	2008	2009	2010	2011
汽车销售量（万辆）	10	12	15	18	20
轮胎销售量（万只）	64	78	80	106	120

假定计划期2012年汽车销售量根据汽车工业联合会的预测为25万辆，该轮胎生产企业的市场占有率为35%，要求采取最小平方法预测2012年轮胎的销售量。

（1）编制计算表，如表4-3所示。

表 4-3　　　　　　　　　　　回归预测计算表

年度	汽车销售量（万辆）	轮胎销售量（万只）	xy	x^2	y^2
2007	10	64	640	100	4 096
2008	12	78	936	144	6 084
2009	15	80	1 200	225	6 400
2010	18	106	1 908	324	11 236
2011	20	120	2 400	400	14 400
$n=5$	$\sum x = 75$	$\sum y = 448$	$\sum xy = 7 084$	$\sum x^2 = 1 193$	$\sum y^2 = 42 216$

（2）相关性检验。

$$R = \frac{n\sum xy - \sum x \sum y}{\sqrt{n\sum x^2 - (\sum x)^2 - [n\sum y^2 - (\sum y)^2]}}$$

$$= \frac{5 \times 7 084 - 75 \times 448}{[5 \times 1 193 - 75^2][5 \times 42 216 - 448^2]} = 0.969$$

计算出的相关系数接近1，表明轮胎的销售量与汽车的销售量线性关系密切。

（3）计算 a、b，并计算预测值。

$$b = \frac{n\sum xy - \sum x \sum y}{n\sum x^2 - (\sum x)^2} = \frac{5 \times 7 084 - 75 \times 488}{5 \times 1 193 - 75^2} = 5.35$$

$$a = \frac{\sum y - b\sum x}{n} = \frac{448 - 5.35 \times 75}{5} = 9.35$$

2012年该企业轮胎预计市场销售量 = 143.1 × 35% = 50.085（万只）

（三）判断分析法

（1）"德尔斐法"

所谓"德尔斐法"，具体可分为三个步骤：首先制定预测问题调查表，寄发给各位专家，分别征求他们的意见；然后把各专家的判断，以匿名方式汇集于一张表上，请各位专家分别在别人意见的基础上修正自己的第一次判断，如此反复3~5次；最后采用加权平均法或中位数法，综合归纳各专家意见，作出最终判断。

例 4-5 某工具公司准备推出一种新型切削刀具,现聘请工具专家、销售部经理、外地经销商等九人采用德尔斐法预测计划期该种新型刀具的销售量。该公司首先将刀具的样品、特点和用途分别向专家作详细介绍,并提供同类刀具的有关价格和销售情况信息。然后发出征求意见函,请九位专家分别提出个人的判断。经过三次反馈,预测结果如表 4-4 所示。

表 4-4　　　　　　　　　　　　专家意见汇总表　　　　　　　　　　　　单位:件

专家编号	第一次判断销售量 最高	最可能	最低	第二次判断销售量 最高	最可能	最低	第三次判断销售量 最高	最可能	最低
1	1 800	1 500	1 000	1 800	1 500	1 200	1 800	1 500	1 100
2	1 200	900	400	1 300	1 000	600	1 300	1 000	800
3	1 600	1 200	800	1 600	1 400	1 000	1 600	1 400	1 000
4	3 000	1 800	1 500	3 000	1 500	1 200	2 500	1 200	1 000
5	700	400	200	1 000	800	400	1 200	1 000	600
6	1 500	1 000	600	1 500	1 000	600	1 500	1 200	600
7	800	600	500	1 000	800	500	1 200	1 000	800
8	1 000	600	500	1 200	800	700	1 200	800	700
9	1 900	1 000	800	2 000	1 100	1 000	1 200	800	600
平均值	1 500	1 000	700	1 600	1 100	800	1 500	1 100	800

根据表 4-4 第三次判断的资料,分别采用算术平均法、加权平均法(最高 0.3,最可能 0.5,最低 0.2)和中位数法,做出销售预测。

① 算术平均法。按第三次判断的平均值计算:

预计销售量 $\bar{X} = \dfrac{\sum x}{n} = \dfrac{15\ 000 + 1\ 100 + 800}{3} = 1\ 133$(件)

② 加权平均法。按第三次判断的平均值加权平均计算:

预计销售量 $\bar{X} = \sum xw = 1\ 500 \times 0.3 + 1\ 100 \times 0.5 + 800 \times 0.2 = 1\ 160$(件)

③ 中位数法。首先,根据第三次判断,按数值从高到低排列成中位数计算表,如表 4-5 所示。

表 4-5　　　　　　　　　　　中位数计算表

销售量	预测值从高到低顺序	中位数
最高	2 500,1 800,1 600,1 500,1 300,1 200	第三、第四项的平均数:1 550
最可能	1 500,1 400,1 200,1 000,800	第三项:1 200
最低	1 100,1 000,800,700,600	第三项:800

(2) 销售人员意见综合判断法

例 4-6 某啤酒厂对计划期 A 牌啤酒销售的预测,决定由该厂销售部门经理与京、津、沪的经销商负责人一起成立专门预测小组进行判断分析。他们四人的初步判断资料,如表 4-6 所示。

表 4-6　　　　　　　　　　　　销售人员预测资料表

预测人员	最高 数量(千箱)	最高 概率	最可能 数量(千箱)	最可能 概率	最低 数量(千箱)	最低 概率
销售部经理	86	0.3	80	0.5	75	0.2
经销商负责人(云南)	88	0.2	82	0.6	78	0.2
经销商负责人(贵州)	79	0.3	75	0.4	70	0.3
经销商负责人(四川)	90	0.2	85	0.5	80	0.3

又假定根据该啤酒厂过去的经验，厂部销售经理与云南、贵州、四川经销商负责人的预测准确性和重要程度，在综合意见时，分别给予相应的权重，依次为 0.2，0.25，0.25，0.3。

要求：对该厂 A 牌啤酒在计划期的销售量作出综合判断。

① 分别计算各预测人员的预测期望值。

销售部经理预测期望值 = 86×0.3 + 80×0.5 + 75×0.2 = 80.8（千箱）

经销商负责人（云南）预测期望值 = 88×0.2 + 82×0.6 + 78×0.2 = 82.4（千箱）

经销商负责人（贵州）预测期望值 = 79×0.3 + 75×0.4 + 70×0.3 = 74.7（千箱）

经销商负责人（四川）预测期望值 = 90×0.2 + 85×0.5 + 80×0.3 = 84.5（千箱）

② 按不同权重，对四位预测人员的预测期望值进行综合

计划期的预计销售量 = 80.8×0.2 + 82.4×0.25 + 74.7×0.25 + 84.5×0.3

　　　　　　　　　= 80.785（千箱）

（四）调查分析法

调查分析法，就是通过调查某种商品的市场供求状况，消费者购买意向以及本企业该商品的市场占有率等情况，来预测其销售量或销售额的方法。

（1）调查商品所处的寿命周期阶段

（2）调查消费者的情况

（3）调查市场竞争情况

$$市场占有率 = \frac{本企业产品在市场上的销售量}{同类产品在市场上的总销售量} \times 100\%$$

（4）调查国内外和本地区经济发展的趋势

例 4-7　某市有居民 100 万户，通过市场调查，把四种耐用消费品所处的市场阶段与已拥有户数的资料列表，如表 4-7 和 4-8 所示。

表 4-7　　　　　　　　　　耐用消费品的市场阶段划分

寿命周期	介绍期	成长期 前期	成长期 后期	成熟期	衰退期
年数	1~5 年	1~5 年	1~5 年	1~5 年	1~5 年
商品普及率	0.1%~5%	6%~50%	51%~80%	81%~90%	逐步减小

表4-8　　　　　　　　某市四种商品所处市场阶段划分

产品名称	空调机	摩托车	彩电	洗衣机
所处寿命周期阶段	介绍期（2年）	成长前期（3年）	成长后期（3年）	成长后期（3年）
已拥有户数（万户）	2.1	16.5	32	36

又根据市场调查，该市摩托车厂在本市的市场占有率为44%，对外地的供应约为3万辆。要求：作出该市对四种耐用消费品平均每年需要量的预测；作出该市摩托车厂在计划期的摩托车销售预测。

① 列表计算该市四种耐用消费品的平均年需要量，如表4-9所示。

表4-9　　　　　　某市四种耐用消费品的平均年需要量预测表

商品名称	所处市场阶段	已拥有户数比重(%)	各阶段的购买潜力（以每户1台或1辆计算）	该市平均每年需求量
空调机	投入期(2年)	2.1	100×(5%-2.1%)=2.9(万台)	2.9/2=1.45(万台)
摩托车	成长前期(3年)	16.5	100×(50%-16.5%)=33.5(万辆)	33.5/3=11.17(万辆)
彩电	成长期后期(3年)	32	100×(50%-32%)=18(万台)	18/3=6(万台)
洗衣机	成长期后期(3年)	36	100×(50%-36%)=14(万台)	14/3=4.67(万台)

②计算该市摩托厂计划期摩托车预计销售量。

该市摩托车厂计划期摩托车预计销售量 = 该市平均需要量 × 本企业市场占有率 + 本企业对外地区供应量

= 11.17 × 44% + 3

= 7.91（万辆）

第三节　成本预测

一、成本预测概述

（1）成本预测概念

成本预测是指依据掌握的经济信息和历史成本资料以及成本与各种技术经济因素的相互依存关系，采用科学的方法对企业未来成本水平及其变化趋势做出的科学推测。

（2）成本预测的步骤

① 提出目标成本草案。在西方国家，一般是采用"倒剥皮"的方法。在我国，一般是以产品的某一先进的成本水平作为目标成本。

②预测成本。最常用的方法有高低点法、加权平均法与回归分析法三种。

③拟订降低成本的各种可行性方案。

④制定正式的目标成本。

二、成本预测基本方法

（1）高低点法

高低点法是将成本费用的发展趋势用 $y = a + bx$ 方程表示，选用一定时期历史资料中的最高业务量与最低业务量的总成本之差与两者业务量之差进行对比，先求出 a、b 的值，然后据以预测计划期成本。其计算公式如下：

$$y = a + bx \qquad b = \frac{y_H - y_L}{x_H - x_L} \qquad 单位成本预测值 = \frac{y}{x}$$

$$a = y - bx_H \qquad 或 \qquad a = y_L - bx_L$$

例 4-8　某公司 2007 年至 2011 年五年期间甲产品产量与成本数据如表 4-10 所示。

表 4-10　　　　　　　　　　产量与成本统计表

年　份	2007 年	2008 年	2009 年	2010 年	2011 年
产量（台）	250	200	300	360	400
总成本（元）	275 000	240 000	315 000	350 000	388 000
固定成本总额（元）	86 000	88 000	90 000	89 000	92 000
单位变动成本（元）	756	760	750	725	740

若 2012 年预计产量 450 台，试用高低点法，预测 2012 年甲产品的总成本。

① 从表中找出高点：$(x_H, y_H) = (400, 388\,000)$，低点：$(x_L, y_L) = (200, 240\,000)$

则有　$b = (y_H - y_L) / (x_H - x_L)$

$\quad\; = (388\,000 - 240\,000) / (400 - 200)$

$\quad\; = 740$（元）

$a = 388\,000 - 740 \times 400$

$\quad = 92\,000$（元）

② 预测成本总额为：

$y = a + bx$

$\quad = 92\,000 + 740 \times 450 = 425\,000$（元）

（2）加权平均法

该法是根据过去若干期的单位变动成本和固定成本总额的历史资料，按其时间远近给予不同权数，用加权平均数计算计划期的产品成本。其计算公式如下：

$$y = \sum a_i w_i + \sum b_i w_i \cdot x \qquad (\sum w_i = 1)$$

例 4-9　仍以例 4-8 的资料为例，采用加权平均法预测 2012 年甲产品的总成本。假设 2007 年到 2011 年不同时期的单位成本和固定成本给予的权重分别为 0.1，0.15，0.2，0.25，0.3。

$$y = \sum a_i w_i + \sum b_i w_i \cdot x$$

$$\sum a_i w_i = 86\,000 \times 0.1 + 88\,000 \times 0.15 + 90\,000 \times 0.2 + 89\,000 \times 0.25 + 92\,000 \times 0.3$$
$$= 89\,650\ （元）$$
$$\sum b_i w_i \cdot x = (756 \times 0.1 + 760 \times 0.15 + 750 \times 0.2 + 725 \times 0.25 + 740 \times 0.3) \times 450$$
$$= 334\,282.5\ （元）$$
$$y = 89\,650 + 334\,282.5$$
$$= 423\,932.5\ （元）$$

（3）回归分析法

应用数学中最小平方法的原理预测成本。基本公式为：

$$y = a + bx$$

式中：y——总成本

　　　　a——固定成本（即在一定产量内，不随销产量变化而变化的成本）；

　　　　b——变动成本率（即每增加1单位产量需要增加的成本）；

　　　　x——产量。

参数 a、b 利用最小二乘法来确定，公式为：

$$a = \frac{\sum y - b \sum x}{n} \qquad b = \frac{n \sum xy - \sum x \sum y}{n \sum x^2 - (\sum x)^2}$$

例 4-10　仍以例 4-8 的资料为例，采用回归分析法预测2012年甲产品的总成本。计算过程如下：

①编制计算表，如表 4-11 所示。

表 4-11　　　　　　　　　　回归预测计算表

年度	产量(x)	总成本（y）	xy	x^2	y^2
2007	250	275 000	68 750 000	62 500	75 625 000 000
2008	200	240 000	48 000 000	40 000	57 600 000 000
2009	300	315 000	94 500 000	90 000	99 225 000 000
2010	360	350 000	126 000 000	129 600	122 500 000 000
2011	400	388 000	155 200 000	160 000	150 544 000 000
$n=5$	$\sum x =$ 1 510	$\sum y =$ 1 568 000	$\sum xy =$ 492 450 000	$\sum x^2 =$ 482 100	$\sum y^2 =$ 505 494 000 000

②计算回归系数：

相关系数 R

$= (5 \times 492\,450\,000 - 1\,510 \times 1\,568\,000) / \sqrt{(5 \times 482\,100 - 1\,510^2)(5 \times 505\,494\,000\,000 - 1\,568\,000^2)}$

$= (2\,462\,250\,000 - 2\,367\,680\,000) / \sqrt{(2\,410\,500 - 2\,280\,100)(2\,527\,470\,000\,000 - 2\,458\,624\,000\,000)}$

$= 94\,570\,000 / \sqrt{130\,400 \times 68\,846\,000\,000}$

$= 0.998$

计算出的相关系数接近1，表明总成本与产量线性关系密切。

③ 计算 a、b 的值，并预测总成本

$b = (5 \times 492\,450\,000 - 1\,510 \times 1\,568\,000) / (5 \times 482\,100 - 1\,510^2) = 725.23$（元/台）

$a = (1\,568\,000 - 725.23 \times 1\,510)/5 = 94\,580.54$（元）

于是，我们可预测产量为 450 台时的成本额：

$y = 94\,580.54 + 725.23 \times 450 = 420\,934.04$（元）

第四节　资金需要量预测

一、资金需要量预测概述

通常按其在生产经营过程中的作用不同，将资金分为两类：一类是固定资金，即用于固定资产方面的资金；另一类是营运资金，即用于流动资产方面的资金。资金需要量预测是指企业根据生产经营的需求，对未来所需资金的估计和推测，它是企业制定融资计划的基础。企业所需要的这些资金，一部分来自企业内部，另一部分通过外部融资取得。

为了预测资金需要量，首先应弄清楚影响资金需要量的主要因素是什么。在一般情况下，影响资金需要量程度最大的就是计划期的预计销售量和销售额。所以资金需要量预测一般按以下几个步骤进行：

（1）销售预测；

（2）估计需要的资产；

（3）估计收入、费用和留存收益；

（4）估计所需要的追加资金需要量，确定外部融资数额。

根据预计资产总量，减去已有的资金来源、负债的自发增长和内部提供的留存收益，得出应追加的资金需要量，以此为基础进一步确定所需的外部融资数额。

二、资金需要量预测基本方法

（一）销售百分比法

利用销售百分比法进行财务预测时，首先要假设收入、费用、资产、负债与销售收入之间有着固定的比例，然后根据预计销售额和相应的比例，预计资产、负债和所有者权益，再确定出所需的融资数量。

在实际运用销售百分比法时，一般是借助预计利润表和预计资产负债表进行的。通过预计利润表预测企业留存收益的增加额；通过预计资产负债表预测企业资金需要总额和外部融资数额。

（1）预计利润表

预计利润表是运用销售百分比法的原理预测利润及留存收益的一种预测方法。通过预计利润表，既可预测留存收益的数额，也可为预计资产负债表和预测外部融资数额提供依据。

预计利润表的编制步骤如下:

① 收集基年实际利润表资料,计算确定利润表各项目与销售额的百分比。

计算基期利润表各项目销售百分比＝利润表各项目/基期收入

② 取得预测年度销售收入的预计数,用该预计销售额乘以基年实际利润表各项目与实际销售额的百分比。计算出预测年度预计利润表各项目的预计数,并编制预计利润表。

计算预计利润表的各项目＝预计销售收入×基期利润表各项目销售百分比

计算预计净利润＝(预计销售收入－预计各项成本费用)×(1－所得税率)

③ 用预计利润表中的预计净利润和预定的股利支付率,测算出留存收益的数额。

计算留存收益增加额＝预计净利润×(1－股利支付率)

(2) 预计资产负债表

预计资产负债表是运用销售百分比法的原理预测企业外部融资额的一种方法。通过预计资产负债表,可预测资产、负债及留存收益有关项目的数额,进而预测企业所需的外部融资数额。

在分析资产负债表项目与销售关系时,要注意区分敏感项目与非敏感项目。所谓敏感项目是指直接随销售额变动的资产、负债项目,例如现金、应收账款、存货、应付账款、应付职工薪酬、应交税费、应付费用等项目。

所谓非敏感项目是指不随销售额变动的资产、负债项目,如固定资产、长期股权投资、短期借款、应付债券、实收资本、留存收益等项目。

除了运用预计资产负债表和预计利润表预测资金需要量,还可以直接利用公式计算,本书侧重讲述第二种方法。预测外部资金需求量的公式为:

追加资金需要量＝Δ资产－Δ负债－Δ留存收益

＝Δ收入×敏感资产销售百分比－Δ收入×敏感负债销售百分比
－预计净利润×(1－股利支付率)

即:追加资金需要量＝$RA/S×\Delta S - RL/S×\Delta S - \Delta RE$

式中:ΔS——预计年度销售增加额;

RA——基期敏感资产总额;

RL——基期敏感负债总额;

S——基期销售额;

ΔRE——预计年度留存收益增加额。

在敏感资产、负债销售百分比不变的情况下:

追加资金需要量＝销售额增加×(敏感资产项目销售百分比－敏感负债项目销售百分比)－留存收益增加

例4-11 长江公司在基期(2011年)的实际销售总额为500 000元,税后净利20 000元,发放普通股股利10 000元。该公司基期期末简略资产负债表,如表4-12所示。

表 4 - 12   长江公司资产负债表

2011 年 12 月 31 日　　　　　　　　　　　　　　　　　单位：元

资产		负债及权益	
现金	12 000	应付账款	52 000
应收账款	85 000	应付税款	25 000
存货	115 000	长期负债	120 000
厂房设备（净额）	150 000	普通股股本	200 000
无形资产	48 000	留存收益	13 000
资产总计	410 000	权益及负债总计	410 000

若该公司在计划期（2012 年）销售收入总额将增至 750 000 元，销售净利润率为 16%，并仍按基期股利发放率支付股利。要求预测计划期需要追加资金的数量。

①根据基期期末资产负债表，分析研究各项资金与当年销售收入总额的依存关系，并编制基期用销售百分比形式反映的资产负债表，如表 4 - 13。

表 4 - 13   长江公司资产负债表（用销售百分比反映）

2011 年 12 月 31 日

资产		负债及权益	
现金	2.4%	应付账款	10.4%
应收账款	17%	应付税款	5%
存货	23%	长期负债	（不适用）
厂房设备（净额）	30%	普通股股本	（不适用）
无形资产	（不适用）	留存收益	（不适用）
合计	72.4%	合计	15.4%

无形资产、长期负债、普通股股本、留存收益由于不随销售额变动而直接变动，为非敏感性项目。由表 4 - 13 可以得出，销售收入每增加 100 元，资产需要相应增加 72.4 元，其中 15.4 元可通过经营负债（随销售收入增加自动增加）解决，还剩下 57 元（72.4 - 15.4）需要通过内、外部筹资予以解决。

②将以上各有关数据代入公式，计算计划期需要追加资金的数量

需要追加资金的数量 = Δ资产 - Δ负债 - Δ留存收益

$$= (750\ 000 - 500\ 000) \times (72.4\% - 15.4\%)$$
$$- 750\ 000 \times 16\% (1 - 10\ 000/20\ 000)$$
$$= 82\ 500\ （元）$$

该方法的优点是能为财务管理提供短期预计的财务报表，以适应外部筹资的需要，且易于使用。该方法的缺点是倘若有关销售百分比与实际不符，据以进行预测就会形成错误的结果。因此，在有关因素发生变动的情况下，必须相应地调整原有的销售百分比。

（二）回归分析预测法

回归分析预测法是假定资金需要量与销售额之间存在线性关系，然后根据历史资料，用最小二乘法确定回归直线方程的参数，利用直线方程预测资金需要量的一种方法。其预测模型为：

资金需要量 = 固定的资金需要量 + 变动资金率 × 销售额

$$y = a + bx$$

式中：y——资金需要量；

a——固定的资金需要量（即不随销售额增加而变化的资金需要量）；

b——变动资金率（即每增加 1 元的销售额需要增加的资金）；

x——销售额。

参数 a、b 利用最小二乘法来确定，公式为：

$$a = \frac{\sum y - b \sum x}{n} \qquad b = \frac{n \sum xy - \sum x \sum y}{n \sum x^2 - (\sum x)^2}$$

第五节　决策概述

一、决策概念

所谓决策，通常是指人们基于对客观规律的认识，在充分考虑各种可能性的条件下，借助于科学的理论和方法，对未来实践的方向、目标、原则和方法作出选择的过程。

管理会计中的决策分析是指对企业未来经营活动所面临的问题，由各级管理人员做出的有关未来经营战略、方针、目标、措施与方法的决策过程。它是经营管理的核心内容。

二、决策分析的程序

为了达到决策的目的，必须尽力实现决策过程的科学化，严格遵照决策的科学程序进行。决策分析的科学程序，一般应包括以下几个基本步骤：

（1）提出决策问题，确定决策目标

因为决策是为了实现某项预期目标，所以，首先要弄清楚一项决策究竟要解决什么问题，达到什么目的。

（2）设计达到目标的各种可能的行动方案

在决策目标确定后，应充分考虑现实和可能，设计出各种可能实现决策目标的备选方案。

（3）评价方案

评价方案应以决策目标为出发点，运用科学的决策分析方法，对形成的各种备选方案进行可行性研究、论证。在评价过程中，既要采用定量的分析方法，也要采用定性的分析方法；既要考虑可计量的因素，也要考虑不可计量的因素。

（4）选择未来行动的方案

选择未来行动的方案，是整个决策过程中最关键的环节。在对各个备选方案综合评价的基础上，全面权衡利弊得失，按照一定原则要求确定最终择优的标准及方法，不断比较、筛选，最终确定出较为满意的行动方案。

（5）组织和监督决策方案的实施，进行反馈控制

在行动方案选定后，就应纳入计划，组织力量，全力以赴地加以实施。在实施过程中，要对方案的执行情况进行跟踪、检查、监督，并且，将实施结果与决策目标的要求不断地进行比较，找出偏离目标的差异及其原因，做好信息反馈，及时采取有效措施，以保证方案的实施，在不断的修正、调整、补充的过程中，使决策的结果更加符合客观实际。

三、决策分析的类型

决策分析贯穿于生产经营活动的始终，涉及的内容广泛，各种不同类型的决策所需要的信息、考虑的重点及分析的方法都有很大的差别。为了加深认识，决策分析可以按照不同的标志进行分类。

（1）按决策的重要程度分类

① 战略决策。它是指关系到企业未来发展方向、大政方针的全局性、长远性的重大决策。

② 战术决策。它是指为实现战略决策目标，而对日常经营活动所采用的方法与手段的局部性短期决策。

（2）按决策所依据条件的肯定程度分类

① 确定性决策。确定性决策是指与决策相关的那些客观条件或自然状态是确定的、明确的，并且可用具体的数字表示出来，决策者可直接根据完全确定的情况，从中选择最有利的方案。

② 风险性决策。风险性决策是指与决策相关的因素的未来情况呈随机状态，不能完全肯定，但决策者可以知道其发生的可能性的大小。

③ 不确定性决策。不确定性决策是指影响这类决策的因素的未来情况不仅不能完全确定，而且，连出现这种可能结果的概率也无法确切地进行预计。

（3）按决策的时间长短分类

① 短期决策。短期决策是指在一个经营年度或经营周期内能够实现其目标的决策。

② 长期决策。长期决策是指在较长时期内（超过一年）才能实现其目标的决策。

（4）按决策方案之间的关系分类

① 单一方案决策。单一决策方案是指只需对一个方案作出接受或拒绝的选择，例如，亏损产品是否停产的决策，是否接受特殊追加订货的决策都属于这类决策。

② 互斥方案决策。互斥方案决策是指需要在两个以上备选方案中选出唯一的一个最佳方案的决策，它属于多方案决策。例如，开发新产品的品种决策，转产或增产某

种产品的决策都属于这类决策。

③ 组合方案决策。组合方案决策是指在多个备选方案中选出一组最优的组合方案，它也属于多方案决策。

(5) 决策的其他分类

决策还可按其他标志进行分类，比如，按决策者所处的管理层次不同，可将决策分为高层决策、中层决策和基层决策三类；按决策出现的重复程度，可分为程序性决策和非程序性决策；按决策的内容不同，可分为成本决策、生产决策、定价决策、存货决策、设备更新改造决策；按决策的侧重点不同，可分为计划决策和控制决策，等等。

第六节 生产经营决策

一、生产经营决策概述

生产经营决策是短期决策的一项重要内容，指短期内（通常为一年），在生产领域中，围绕着是否生产，生产什么，生产多少，以及怎样生产等方面的问题所进行的决策。例如，关于新产品开发的品种决策，亏损产品的处理决策，零部件取得方式的决策，生产工艺技术方案的选择决策，是否接受特殊追加订货的决策等。生产决策的任务就是要利用相关信息，对上述问题优选出能够为企业提供最大经济效益的行动方案。

生产经营决策必须全面统筹考虑以下四大因素：生产经营能力、相关业务量、相关收入和相关成本。

(1) 生产经营能力

生产经营能力是指在一定时期内和一定生产技术、组织条件下，企业内部各个环节直接参与生产过程的生产设备、劳动手段、人力资源和其他服务条件，能够生产的各类产品产量或加工处理一定原材料的能力。

(2) 相关业务量

相关业务量是指在生产经营决策中必须认真考虑的、与特定决策方案相联系的生产量或销售量。

(3) 相关收入

相关收入是指与特定决策方案相联系的、能对决策产生重大影响的、在生产经营决策中必须予以考虑的收入。

(4) 相关成本

相关成本是指与特定决策方案相联系的、能对决策产生重大影响的、在短期经营决策中必须予以考虑的成本。

与相关成本相对称的是无关成本，即与特定决策无关的，在分析、评价时不必加以考虑的成本。在决策方案的分析评价中，需要正确区分相关成本和无关成本。

相关成本包括：差量成本、机会成本、边际成本、专属成本、重置成本等。

① 差量成本。广义差量成本是指可供选择的不同方案之间预计成本的差额。狭义的差量成本通常是指单一决策方案由于生产能力程度的不同而表现在成本方面的差异。

② 机会成本。机会成本是指在经营决策时，应由所选定的最优方案负担的、按所放弃的次优方案潜在收益计算的那部分资源损失。

③ 专属成本。专属成本是指那些能够明确归属于特定决策方案的固定成本或混合成本，它往往是为了弥补生产能力不足的缺陷，增加有关装置、设备、工具等长期资产而发生的。

二、生产经营决策的基本方法

生产经营决策由于具体内容不同，在决策方法上也存在着很大差异。在实践中，经常使用的方法有：贡献毛益分析法、差量损益分析法、相关损益分析法、相关成本分析法和成本平衡点分析法。另外，运筹学和系统分析中的一些方法，像线性规划法、决策树法、整数规划法中的分支定界法等在生产经营决策中也越来越受到广泛的关注。

（一）贡献毛益分析法

在生产经营决策中，当有关决策方案的相关收入均不相等，全部相关成本均为变动成本时，则可以使用贡献毛益分析法。所谓贡献毛益分析法是指以有关方案的贡献毛益指标作为决策评价指标的一种方法。

贡献毛益是一个正指标，哪个决策方案的该项指标大，哪个方案便为相对最优。但是，应当注意的是，在生产经营决策中，如果不同方案的相关业务量不一致，就不能以产品的单位贡献毛益指标的大小作为取舍优劣的标准，而应当以产品的贡献毛益总额指标的大小作为取舍优劣的标准。

例 4－12 假设某企业拟利用现有剩余生产能力生产甲产品或乙产品。甲产品单价 20 元，单位变动成本 10 元，乙产品单价 10 元，单位变动成本 4 元。该企业现有剩余生产能力 1 000 台时，生产一件甲产品需耗 8 台时，生产一件乙产品需耗 4 台时。

① 编制单位贡献毛益表，如表 4－14：

表 4－14　　　　　　　　　　单位贡献毛益表　　　　　　　　　　单位：元

项目	甲产品	乙产品
单价	20	10
单位变动成本	10	4
单位贡献毛益	10	6

虽然从表 4－14 中得出，甲产品的单位贡献毛益大于乙产品的单位贡献毛益，但我们不能据此得出生产甲产品的方案相对较优。因为甲、乙产品利用剩余生产能力生产的产量不一样，所以必须编制贡献毛益总额表。

② 编制贡献毛益总额表，如表 4－15：

表 4-15　　　　　　　　　　　贡献毛益总额表　　　　　　　　　　单位：元

项目	甲产品	乙产品
单位变动成本	10	4
单位贡献毛益	10	6
剩余生产能力（台时）	1 000	1 000
单位产品耗时（台时）	8 小时/件	4 小时/件
可生产量（件）	125	250
贡献毛益总额	1 250	1 500

③由表 4-15 可以得出，利用剩余生产能力，生产乙产品的贡献毛益总额大于甲产品的贡献毛益总额，所以乙方案相对甲方案较优。

（二）差量损益分析法

差量损益分析法是指在进行两个相互排斥方案的评价时，以差量损益指标作为方案评价取舍标准的一种决策方法。

这里的差量损益等于差量收入与差量成本之差，表示企业多得的利润或少发生的损失；差量收入等于两方案相关收入之差；差量成本等于两方案相关成本之差。

在决策时，若差量损益大于零，则前一个方案较优；若差量损益小于零，则后一个方案较优；若差量损益等于零，则前后两个方案效益相同。

例 4-13　利用例 4-12 的已知资料，采用差量损益分析法进行决策分析，编制差量损益表，如表 4-16：

表 4-16　　　　　　　　　　　差量损益表　　　　　　　　　　　　单位：元

项目	甲产品	乙产品	差异额
相关收入	125×20＝2 500	250×10＝2 500	0
相关成本	125×10＝1 250	250×4＝1 000	250
差量损益	\multicolumn{3}{c}{−250}

由表 4-16 所示，差量损益小于零，所以利用剩余生产能力生产乙产品方案较优。

（三）相关成本分析法

相关成本分析法是指在生产经营决策中，当各备选方案的相关收入相等时，或者是自制或者外购零件决策时，通过直接比较各方案的相关成本作出方案选择的一种决策方法。相关成本是个反指标，在决策分析时，哪个决策方案的成本最低，则哪个方案最优。

例 4-14　某企业生产一种 A 零件，年需用量 500 件，可以由本企业生产，也可以外购。如果由本企业生产，单位变动成本 26 元，而且需购买一台专用设备，每年发生专属固定成本 2 000 元。如果外购，外购单价 35 元。要求进行决策分析。具体分析见表 4-17。

表4-17　　　　　　　　　　　　　相关成本分析表　　　　　　　　　　　　单位：元

项目 方案	自制	外购
变动成本	500×26 = 13 000	500×35 = 17 500
专属成本	2 000	
相关成本合计	15 000	17 500

如表4-17所示，A零件自制产生的相关成本小于外购产生的相关成本，所以该企业对于需要的A零件应该采用自制。

（四）成本平衡点分析法

成本平衡点分析法是指在各个备选方案的相关收入均相等，相关业务量为一不确定因素时，通过判断处于不同水平上的业务量与成本分界点业务量之间的关系，来作出相互排斥方案选择的一种决策方法。这里的所谓成本分界点业务量是指能使两个方案总成本相等的业务量，又称为成本无差别点或成本平衡点。其计算公式如下：

$$成本平衡点业务量 = \frac{两个方案固定成本差额}{两个方案单位变动成本差额}$$

例4-15　假设某企业只生产一种产品，现有两种设备可供选择。一种是采用传统的机械化设备，每年的专属固定成本20 000元，单位变动成本12元。另一种是采用先进的自动化设备，每年的专属固定成本30 000元，单位变动成本7元。要求进行决策分析。

首先，计算成本平衡点：

$$成本平衡点业务量 = \frac{两个方案固定成本差额}{两个方案单位变动成本差额}$$

然后，根据两个方案的数据作图，见图4-1。

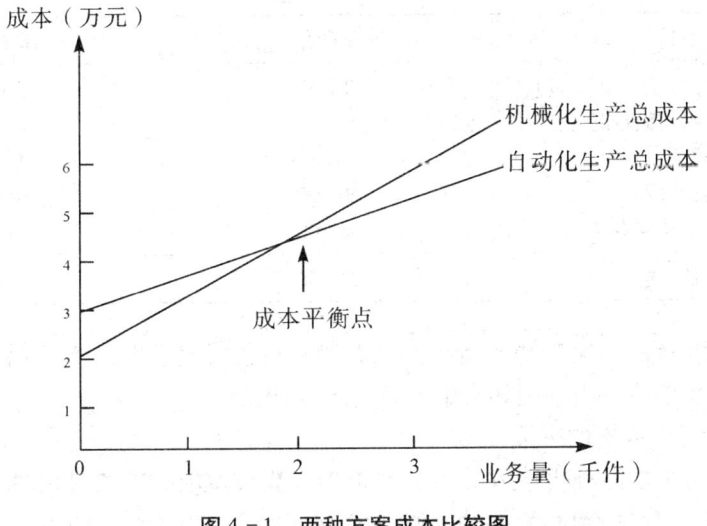

图4-1　两种方案成本比较图

如图4-1所示，业务量小于2 000件（成本平衡点），机械化生产总成本小于自动化生产总成本，为相对较优方案；在业务量大于2 000件，自动化生产总成本小于机械化生产总成本，为相对较优方案。

三、新产品开发的品种决策

企业必须不断地研制、开发新产品，促进产品的更新换代，才能不断满足社会的需要，维持和扩大市场占有率，取得经营主动权，获得良好的经济和社会效益。这里介绍的新产品开发的品种决策，是指可以利用企业现有剩余生产能力来开发某种在市场上有销路的新产品，并且，已经掌握可供选择的多个新品种开发方案的有关资料，但不涉及大量投资追加技术装备的问题。新产品开发的品种决策可以按照是否涉及追加专属成本分两种情况讨论。

（1）不追加专属成本的决策

在新产品开发的品种决策中，如果有关方案均不涉及追加专属成本，就可以应用贡献毛益分析法直接进行决策。

例4-16　某企业现有年剩余生产能力2 000台时，可用来生产A产品或B产品，此剩余生产能力的年固定资产折旧费为80 000元，其他预测资料如表4-18所示。要求进行决策分析。

表4-18　　　　　　　　　　预测资料表　　　　　　　　　　单位：元

项目	A产品	B产品
单价	150	80
单位变动成本	90	50
单位产品定额台时	5台时/件	2台时/件

编制贡献毛益总额表，如表4-19所示。

表4-19　　　　　　　　　　贡献毛益总额表　　　　　　　　　　单位：元

项目	A产品	B产品
可利用剩余生产能力（台时）	2 000	2 000
单位产品定额台时	5台时/小时	2台时/小时
可生产量（件）	400	1 000
相关收入	60 000	80 000
相关变动成本	36 000	50 000
贡献毛益	24 000	30 000

由表4-19所示，生产B产品产生的贡献毛益总额大于生产A产品产生的贡献毛益总额，所以该企业应当利用剩余生产力生产B产品。

（2）追加专属成本的决策

当新产品开发的品种决策方案中涉及追加专属成本时，就必须考虑追加专属成本对方案的影响，可以选用差量损益分析法或者贡献毛益总额法。下面选用差量损益分析法进行决策分析。

例 4-17 某企业有一条闲置的生产线，按最初的投资额计算每年应发生的折旧额为 28 000 元，现有甲、乙两种产品可供选择生产，预测有关资料如表 4-20 所示。要求分析应生产哪种产品。

表 4-20　　　　　　　　　　　预测资料表　　　　　　　　　　单位：元

项目	甲产品	乙产品
可生产量（件）	8 000	6 000
单价	18	32
单位变动成本	12	23
追加专属成本	10 000	20 000

编制差量损益表，如表 4-21 所示。

表 4-21　　　　　　　　　　　差量损益表　　　　　　　　　　单位：元

项目	甲产品	乙产品	差异额
相关收入	192 000	144 000	48 000
相关成本	158 000	106 000	52 000
其中：增量成本	138 000	96 000	
专属成本	20 000	10 000	
差量损益			-4 000

由表 4-21 所示，差量损益小于零，利用闲置生产线生产乙产品为较优方案。

四、亏损产品的决策

在企业组织多品种生产时，往往由于某种原因而导致一些产品的收入低于按照完全成本法计算的产品成本，出现亏损。对已经发生亏损的产品，是按照原有规模继续组织其生产，还是停止生产或转产，抑或是扩大原有规模继续生产？企业管理者需要及时为亏损产品问题做出正确的决策。

（1）相关生产能力不能转移时，亏损产品是否停产的决策

所谓相关生产能力无法转移，是指当亏损产品停产以后，由此而闲置下来的生产能力，既不能转产，也不能将有关设备对外进行出租。在这种情况下，由于剩余生产能力不能转移，相应的固定成本属于无关成本，在决策中不必加以考虑，所以，只要亏损产品满足贡献毛益（单位贡献毛益）大于零，就应当继续组织生产。

例 4-18 某公司产销甲、乙、丙三种产品，其中甲、乙两种产品盈利，丙产品亏损，有关资料见表 4-22。要求分析评价丙产品是否应停产（假定丙产品停产后生产能力无法转移）。

表 4-22　　　　　　　　　　　损益表　　　　　　　　　　单位：万元

项目	甲产品	乙产品	丙产品	合计
销售收入	6 000	8 000	4 000	18 000
生产成本				
直接材料	800	1 400	900	3 100
直接人工	700	800	800	2 300
变动制造费用	600	600	700	1 900
固定制造费用	1 000	1 600	1 100	3 700
非生产成本				
变动销售管理费用	900	1 200	600	2 700
固定销售管理费用	600	800	400	1 800
总成本	4 600	6 400	4 500	15 500
净利润	1 400	1 600	-500	2 500

根据表 4-22 可以知道，丙产品亏损 500 万元。为正确决策，必须首先计算丙产品的贡献毛益。

丙产品贡献毛益 = 4 000 - （900 + 800 + 700 + 600）= 1 000（万元）

由于丙产品贡献毛益为正数，应当继续生产丙产品；否则企业将多损失 1 000 万元的利润。

（2）相关生产能力能够转移，亏损产品是否停产的决策

如果亏损产品停产以后，闲置下来的生产能力可以转移，如用于承揽零星加工业务，或将有关设备对外出租，或者转产其他产品，那么，这时就不能按上述介绍的方法进行决策，而必须考虑有关机会成本因素，进行相关损益分析。

如果亏损产品创造的贡献毛益大于与闲置下来的生产能力有关的机会成本，就应当继续生产；如果亏损产品创造的贡献毛益小于与闲置下来的生产能力有关的机会成本，就应当停产。

确认与闲置下来的生产能力转移有关的机会成本，应当区别情况，具体问题具体分析。如果将闲置下来的生产能力用于承揽零星加工业务，则与继续生产亏损产品方案有关的机会成本就是承揽零星加工业务可望获得的贡献毛益；如果将闲置下来的生产设备用于对外出租，则与继续生产亏损产品方案有关的机会成本就是可望获得的租金收入；如果将闲置下来的生产设备用于转产其他产品，则与继续生产亏损产品有关的机会成本就是转产以后的产品能够创造的贡献毛益。

例 4-19　依例 4-18 资料，假设生产丙产品的设备可以转产丁产品，也可以将此设备出租。如出租每年可获租金 800 万元。如转产丁产品具体资料见表 4-23。要求对三个方案进行决策分析。

表 4-23	预测丁产品资料	单位：万元
项目		金额
销售收入		5 000
变动生产成本		2 800
变动销售管理费用		900

计算丁产品贡献毛益如下：产品贡献毛益 = 5 000 - (2 800 + 900) = 1 300（万元）

由于生产丁产品贡献毛益大于继续生产丙产品（1 000 万元）和将该设备出租所获得的租金（800 万元），所以企业应当选择将该设备转产丁产品。

五、是否接受低价追加订货的决策

企业在完成现有生产任务后，有时尚有一定剩余生产能力可以利用，如果此时客户要求以较低价格追加订货量，企业是否可以考虑接受这批订货？所谓较低价格，是指低于正常市场销售的价格。

例 4-20 某企业原来生产甲产品，年生产能力 10 000 件，每年有 35% 的剩余生产能力。正常销售单价 68 元，有关成本数据见表 4-24。该企业在完成计划生产任务后的剩余生产能力无法转移，可以接受追加订货，接受追加订货不需要增加专属成本。一月份有一个客户要求追加订货 3 500 件甲产品，每件出价 48 元。要求：做出可否接受该批追加订货的决策。

表 4-24	甲产品成本资料	单位：元
项目		金额
直接材料费		20
直接人工费		16
制造费用		
其中：变动制造费用		8
固定制造费用		12
单位产品成本		56

编制差量损益表，如表 4-25。

表 4-25	差量损益表		单位：元
项目＼方案	接受追加订货	接受追加订货	差异额
相关收入	3 500×46 = 161 000	0	161 000
相关成本合计	156 000	0	156 000
其中：增量成本	3 500×44 = 154 000	0	
专属成本	2 000	0	
差量损益			5 000

由表4-25所示，差量损益大于零，企业应当选择接受该追加的低价订单。

由该例题可以看出当追加订货不影响本期计划任务（即正常订货）的完成，又不要求追加专属成本，而且现有的剩余生产能力无法转移时，只要追加订货的单价大于该产品的单位变动成本，就可以接受这批追加订货。因为在这种情况下，是否接受追加订货，其原有的固定成本都不会发生变动，特别订货所创造的贡献毛益（即特别订货价格超过其单位变动成本的部分）将直接转化为利润，从而增加企业的总利润。这里的固定成本，属于与追加订货决策无关的成本，在决策分析中不必予以考虑。

然而在实际中，当企业接到顾客低价订单时有可能面临以下情况：

（1）因追加订货冲击了正常订货任务

因追加订货冲击了正常订货任务，应将由此而减少的正常收入作为接受追加订货方案的机会成本。当追加订货的贡献毛益总额补偿完这部分机会成本仍有富余时，则可以接受这批追加订货。

（2）企业有关的生产能力可以转移

企业有关的剩余生产能力可以转移，在考虑是否接受追加订货的方案时，应将与剩余生产能力转移有关的可能收益作为追加订货方案的机会成本，综合考虑。

（3）接受订单需要追加专属成本

若接受追加订货需要追加专属成本时，则只有在满足以下条件时，该项追加订货方案才可以考虑予以接受：该方案的贡献毛益大于其相关成本（专属成本、增量成本）。

六、半成品是否深加工的决策

企业生产的半成品，本来是其连续生产过程中的中间产品，但它们往往也可以直接出售。由于深加工总是在已经完成的半成品的基础上进行，所以，半成品阶段的加工成本和是否深加工的决策无关，属于决策的无关成本，应不予考虑。在决策分析时只要直接比较深加工阶段所需追加的成本和加工完成后所能增加的收入，即可判断出对半成品进行深加工是否对企业更为有利：当深加工后增加的收入大于深加工需要追加的成本时，深加工的方案较优；当深加工后增加的收入小于深加工需要追加的成本时，出售半成品的方案较优；当深加工后增加的收入等于深加工需要追加的成本时，两方案等价。

例4-21 某公司每年生产A半成品5 000件，A半成品单位变动成本4元，固定成本11 000元，销售单价9元。如果把A半成品进一步深加工为A产成品，销售单价可提高到14元，但需追加单位变动成本2元，追加固定成本16 000元，若不进一步加工，可将投资固定成本的资金购买债券，每年可获债券利息2 400元。要求作出A半成品直接出售或深加工的决策分析。采用差别分析法决策分析，见表4-26。

表 4 - 26　　　　　　　　　　　差量损益表　　　　　　　　　　　单位：元

方案 项目	深加工为 A 产成品	直接出售 A 半成品	差异额
相关收入	5 000 × 14 = 70 000	5 000 × 9 = 45 000	25 000
相关成本合计	28 400	0	28 400
其中：增量成本	5 000 × 2 = 10 000	0	
专属成本	16 000	0	
机会成本	2 400	0	
差量损益			-3 400

由表 4 - 26 所示，差量损益小于零，企业应当直接出售 A 半成品，以获得更多利润。

七、零部件自制或外购的决策

企业生产经营中所需要的零部件，在具有加工能力的条件下，是自制，还是外购，这是企业管理者时常面临的一个需要及时作出决策的问题。在零部件取得方式决策中，由于情况不同，所采用的决策分析方法也不尽相同，但一般都采用相关成本分析法或成本成本平衡点分析法进行。

（1）零部件需用量确定时的决策

当零部件的需用量确定时，通常可采用相关成本分析法进行决策。

① 企业有剩余生产能力，且无法转移，自制零部件不需要追加专属成本的决策。这时，只需将外购零部件的相关成本，即购买零部件的价格，与自制时的相关成本相对比，相关成本低的即为最优方案。

② 企业尚不具备自制零部件的生产能力，若自制需要增加专属成本的决策。在这种情况下，自制方案的相关成本不仅包括单位变动成本，而且还应包括单位专属成本。

③ 企业有剩余生产能力，其不仅可以用于自制零件，而且可用于转作他用（比如可将其用于生产另外一种产品，或将其出租）。在企业具备生产能力自制零部件，如不自制，其剩余生产能力可以转作他用的情况下（如转产其他产品或出租），由于转产其他产品能够提供贡献毛益，出租剩余生产能力能获得租金收入，所以自制方案的相关成本就必须把转产产品的贡献毛益额或租金收入作为机会成本纳入。这时，将自制方案的变动成本与其机会成本之和与外购的相关成本相比较，以其较小者所对应的方案作为最优方案。

（2）零部件需要量不确定时的决策

当企业所需要的零部件数量不能确定时，可采用成本分界点法，进行零部件取得方式的决策。即首先求出自制方案和外购方案的成本分界点业务量，然后，根据零部件的不同需要量，确定出相应的最优决策方案。

八、生产工艺技术方案的决策

生产工艺是指加工制造产品或零部件所使用的机器、设备及加工方法的总称。企业在生产过程中，对同一种产品，在保证满足有关技术、质量要求的前提下，往往可以采用不同的工艺技术进行加工。不同的工艺技术方案，其成本往往差别较大。一般来说，生产工艺自动化程度越高，其固定成本越高，单位变动成本越低；而生产工艺自动化程度低，其固定成本较低，单位变动成本较高。在固定成本和单位变动成本的相互消长变动组合中，产品的数量就成为判断的标准：在生产规模较大时，采用先进的自动化工艺技术方案较为有利；反之，在生产规模较小时，则应采用非自动化的生产工艺方案，这样更经济。对同一种产品，究竟采用何种工艺方案进行生产，必须和生产规模大小联系起来进行分析、研究，而不能片面地认为生产工艺方案越先进越好。对于这类决策问题，可以采用成本平衡点分析（或者本量利分析法）进行。

九、定价决策

定价决策就是为其生产的产品确定一个合适的价格，使之能够销售出去，以争取最佳预期经营效益的过程。

（一）定价决策应考虑的因素

影响产品定价决策的因素很多，但主要有以下几种：

（1）商品的价值

商品的价值是商品价格的基础，商品的价格是商品价值的货币表现。商品价值量的大小在很大程度上决定着商品价格的高低，它是影响商品价格变动的最主要因素。

（2）成本的消耗水平

一般而言，成本的消耗水平是影响定价的最基本因素。商品的价格应等于总成本加上合理的利润，否则企业便无利可图。

（3）商品的质量水平

商品的质量水平和商品的价格及企业的销售收入之间存在着密切的关系。商品的质量水平提高后，价格一般就会提高，而且也容易销售。但是，如果质量水平超过一定界限，势必造成成本过高，价格却很难上升。

（4）供求关系和价格弹性

供求关系是指一定期间市场上商品供应与商品需求的关系。供求关系的变动，直接影响着产品价格的变动。

（5）竞争形式

在市场经济活动中，每一个企业作为相对独立的商品生产者或经营者，必然存在着相互之间的竞争。商品竞争的形式及激烈程度不同，对商品的定价影响程度也不同。

（6）国家的价格政策

价格政策是国家管理价格的有关措施和法规，是国家经济政策的重要组成部分。按照价格政策的基本要求，价格和价值应该相符，但在一定时期内，也可以使其相偏离。

（7）商品所处的寿命周期阶段

商品的市场寿命周期一般包括以下几个阶段：引进与开发期（即试销期）、成长期、成熟期、衰退期。商品所处的寿命周期阶段不同,其定价决策的策略就应有所不同。

(8) 商品定价目标的导向

企业商品的定价目标一般有:追求最大利润、追求一定的投资利润率或投资收益率、保持和提高市场占有率、应付和防止竞争的加剧、保持良好的企业形象,等等。企业确定的定价目标不同,所采取的定价方法与策略也不同,价格的高低也会不尽相同。

影响商品定价的因素,除上述各点外还有其他一些因素,也需要在进行定价决策时予以密切注意,比如,商品在同一市场上的价格比例、差价,消费者的消费习惯、支付能力、心理状态,等等,也是影响商品价格发生波动的重要因素。

(二) 定价决策的主要方法

不同的商品,往往需要使用不同的方法来定价,不存在唯一合理的定价方法。但作为定价的基础,则主要有两点:一是以成本作为定价的基础,即企业给有关商品制定价格主要是以其成本作为客观依据。这里的成本,既可以是完全成本,也可以是变动成本,抑或是标准成本。二是以市场需求为定价的基础,即企业给有关商品制定价格主要是以市场和消费者对特定价格水平的接受程度作为客观依据。

下面介绍几种在实务上经常使用的定价方法及其应用。

(1) 利润最大化定价法

例4-22 某企业生产的A产品准备投放市场,A产品单位变动成本20元,该企业现时年最大生产能力为6 000件,年固定成本60 000元,如果要把年最大生产能力扩大到10 000件,每年将新增加固定成本20 000元。预测的A产品在各种价格下的销售量资料如表4-27。为获取最大利润,A产品的销售价格应定为多少元?

表4-27　　　　　　　　　　　A产品销售量预测表

销售价格（元）	年销售量（件）
60	4 000
55	4 500
50	5 500
45	7 000
40	8 000
35	8 500

根据表4-27结合其他已知条件,编制A产品利润计算表,如表4-28。

表4-28　　　　　　　　　　A产品利润计算表　　　　　　　　　　单位：元

价格	销售量(件)	销售收入	变动成本	固定成本	总成本	利润
60	4 000	240 000	80 000	60 000	140 000	100 000
55	4 800	264 000	96 000	60 000	156 000	108 000
50	5 800	290 000	116 000	60 000	176 000	114 000
45	7 000	315 000	140 000	80 000	220 000	95 000
40	8 000	320 000	160 000	80 000	240 000	80 000
35	8 500	297 500	170 000	80 000	250 000	47 500

根据表4-28所示，该企业A产品的利润随着价格的逐步提高，是一个由增到减的趋势，在价格定在50元时能获得最大利润，所以该企业A产品的定价应为50元。

（2）全部成本加成定价法

销售价格的计算公式如下：

销售价格 = 单位产品全部成本 + 单位目标利润额

= 单位产品全部成本 × （1 + 成本加成率）

例4-23　某企业拟采用全部成本加成法制定B产品的销售价格，该企业目标利润率为25%，B产品单位成本的有关资料如表4-29。要求计算B产品的销售价格。

表4-29　　　　　　　B产品单位成本数据表　　　　　　　　单位：元

项目	金额
直接材料费	40
直接人工费	30
变动制造费用	10
固定制造费用	15
变动销售及管理费用	12
固定销售及管理费用	13
单位产品成本合计	120

根据已知，计算B产品的销售价格。

B产品销售价格 = 120 × （1 + 25%） = 150（元）

（3）变动成本加成定价法

变动成本加成定价法的计算公式是：

销售价格 = 单位变动成本 + 单位贡献毛益

或　销售价格 = $\dfrac{单位变动成本}{1 - 贡献毛益率}$

例4-24　某企业生产的C产品在市场上严重饱和，C产品原来的市场售价为1 700元，其他企业纷纷降价30%左右，该企业希望保住原有的市场份额，每件C产品的价格能有100元的贡献毛益就可以降价销售。C产品的单位成本数据如表4-30。要求采用变动成本加成法计算C产品的销售价格。

表 4－30　　　　　　　　　　　C 产品单位成本数据表　　　　　　　　　　单位：元

项目	金额
直接材料费	600
直接人工费	200
变动制造费用	120
固定制造费用	340
变动销售及管理费用	90
固定销售及管理费用	130
单位产品成本合计	1 480

根据已知，计算 C 产品的销售价格。

C 产品销售价格 = 单位变动成本 + 单位贡献毛益

$\quad\quad\quad\quad$ = (600 + 200 + 120 + 90) + 100

$\quad\quad\quad\quad$ = 1 110 （元）

(三) 调价决策

企业为了开拓市场、扩大销售、增加盈利或为了适应市场供求关系的变化以应付同类产品的竞争，往往需要对其经销的产品销售价格进行适当的调整。

在实务上，调价决策经常使用利润无差别点定价法。所谓利润无差别点法是指利用调价后预计销售量与利润无差别点销售量之间的关系进行调价决策的一种决策方法，亦可称为价格无差别点法。

这里所说的利润无差别点销售量是指某种产品为确保原有盈利能力，在调价后至少应达到的销售量指标，其计算公式为：

$$利润无差别点销售量 = \frac{固定成本 + 调价前可获利润}{拟调单价 - 单位变动成本}$$

若调价后预计销售量大于利润无差别点销售量，则应调价；若调价后预计销售量小于利润无差别点销售量，则不能调价；若调价后预计销售量等于利润无差别点销售量，则调价与不调价，效益一样，企业可根据其他情况，灵活地进行决策。

例 4－25　某企业生产一种 D 产品，现在市场售价 250 元，可销售 500 件，D 产品的单位变动成本 130 元，每年固定成本 40 000 元，该企业现时年最大生产能力 600 件。D 产品的价格每变动 1% 可使销售量变动 4%，当产量超过企业最大生产能力时，扩大产量在 200 件以内将增加固定成本 20%。要求采用利润无差别点法评价单价降低 5%、单价降低 10% 和单价提高 8% 的调价方案的可行性。

(1) 单价降低 5%

单价降低 5%，可使销售量提高 20% (5 × 4%)，则：

预计销售量 = 500 × (1 + 20%) = 600 （件）

调价前利润 = (250 － 130) × 500 － 40 000 = 20 000 （元）

拟调单价 = 250 × (1 － 5%) = 237.5 （元）

利润无差别点销售量 $= \dfrac{40\,000 + 20\,000}{237.5 - 130} \approx 558$（件）

因为预计销售量 600 件大于利润无差别点销售量（558 件），又不超过企业最大生产能力（600 件），所以该调价方案可行。

（2）单价降低 10%

单价降低 10%，可使销售量提高 40%（10×4%），则：

预计销售量 =500×（1+40%）=700（件）

预计销售量超过企业最大生产能力，如果要扩大生产，则固定成本将会增加。

固定成本 =40 000×（1+20%）=48 000（元）

拟调单价 =250×（1-10%）=225（元）

利润无差别点销售量 $= \dfrac{48\,000 + 20\,000}{225 - 130} \approx 716$（件）

因为预计销售量 700 件小于利润无差别点销售量（716 件），所以该调价方案不可行。

（3）单价提高 8%

单价提高 8%，将使销售量降低 32%（8×4%），则：

预计销售量 =500×（1-32%）=340（件）

拟调单价 =250×（1+8%）=270（元）

利润无差别点销售量 $= \dfrac{40\,000 + 20\,000}{270 - 130} \approx 429$（件）

因为预计销售量只有 340 件，小于利润无差别点销售量（429 件），所以该调价方案不可行。

（四）新产品的定价策略

新产品是指市场上从未出现过或企业从未生产与销售过的产品。新产品的定价，由于既缺乏系统、完备的销售资料可供参考，又对市场的需求及它对市场上类似产品的替代能力缺乏了解，所以，一般具有不确定性的特点。

新产品定价常用的策略有两种：一种是撇油法，另一种是渗透法。

（1）撇油定价策略

这种定价策略是指将新产品投放市场初期的价格定得较高，以保证初期的高额利润，随着市场销售量的提高，竞争加剧，再逐步降低价格的方法，这种策略也叫先高后低策略。

这种策略能保证企业在试销初期即可获得高额利润，在较短时期内收回成本，并可获得开拓市场所必需的资金。但正由于新产品初期的丰厚利润会迅速引来竞争，加速产品寿命周期的缩短，高价不能持久。所以，这是一种短期的定价策略，多适用于初期没有竞争对手、容易开辟市场且弹性较小、不易仿制的新产品。

（2）渗透定价策略

渗透定价策略是指将新产品投放市场初期的价格定得较低，以争取顾客，迅速打开市场销路，树立信誉，赢得竞争优势后，再逐步提高价格的方法。这种策略又叫先低后高策略。

这种策略尽管在试销初期利润不大，但它能有效地排除竞争，有利于企业长期占据市场，能持久地为企业带来日益增长的经济效益。这是一种着眼于长期利益的定价策略，多适用于那些同类产品差别不大但需求弹性较大、易于仿制、市场前景光明的新产品。

由于以上两种定价策略各有利弊，且都有明显的优缺点。因此，在实务上，不少企业常常把两种策略结合起来，取其优点，避其不足，而形成了一种新的定价策略。这种策略是将新产品初期的价格定得适中，既能吸引顾客，有利于开拓市场，又能保证在不太长的时期内弥补投入初期的高成本，使顾客与企业双双都能满意。

练习题

习题一

某公司上半年各个月份的实际销售收入如下表所示：

月 份	1月	2月	3月	4月	5月	6月
销售额（元）	24 000	23 600	28 000	25 400	26 000	27 000

假定该公司6月份的销售金额原预测数为27 800元。
（1）根据最后3个月的实际资料，试用移动平均法预测今年7月份的销售额。
（2）试用直线趋势法预测今年7月份的销售额。
（3）试用平滑指数法预测今年7月份的销售额（平滑指数为0.6）。

习题二

假定某公司上年末简略资产负债表如下。这一年实际销售收入总额为1 000 000元，获税后净利50 000元，并以20 000元发放了股利，若该公司计划今年预计销售收入总额将增至1 200 000元，销售净利润率为10%，仍按上年股利率发放股利，试用销售百分比法预测今年需要追加多少资金。

资产负债表 单位：元

资　　产		权　　益	
① 现金	40 000	① 应付账款	120 000
② 应收账款	225 000	② 应交税金	75 000
③ 存货	300 000	③ 长期负债	300 000
④ 长期投资	450 000	④ 普通股股本	550 000
⑤ 固定资产（净值）	60 000	⑤ 留存收益	110 000
⑥ 无形资产	80 000		
资产合计	1 155 000	负债及权益合计	1 155 000

习题三

已知：某企业生产的甲半成品，年产量 10 000 件，单位变动成本 14 元，单位固定成本 6 元，单位售价 30 元。若将其进一步深加工为乙产品再出售，预计单位售价可增加到 42 元，但需要追加直接材料 6 元、直接人工 2 元。

要求：就以下三种各不相关的情况，分别作出甲半成品是应该直接出售还是应该深加工后再出售的决策分析。

（1）企业现已具备深加工 10 000 件甲半成品的能力，不需追加专属成本，且深加工能力无法转移；

（2）企业深加工需租用一台专用设备，年租金为 50 000 元；

（3）企业只具备深加工 8 000 件甲半成品的能力，该能力可用于对外承揽加工业务，预计一年可获得贡献毛益 35 000 元。

第五章　预算控制

学习目标

通过本章的学习，使学生在深入理解预算控制的概念和作用的基础上，重点掌握全面预算的编制流程和方法。掌握固定预算、弹性预算、零基预算、滚动预算和概率预算这几种先进的编制预算的方法，正确编制企业的生产经营预算，帮助企业实现更科学准确的预算，提高企业效益。

第一节　预算控制与全面预算概述

一、预算控制的含义和作用

预算是一种系统的方法，用来分配企业的财务、实物及人力等资源，以实现企业既定的战略目标。企业可以通过预算来监控战略目标的实施进度，有助于控制开支，并预测企业的现金流量与利润。

预算控制是通过预算体系，定期地将实际业绩和预期目标联系起来进行比较，通过反馈的信息，来指导管理者的行为。

预算控制的主要作用在于确定组织的整体目标，分析组织的实际业绩和预算之间的差距以及差距产生的原因，为修订当前预算或未来编制预算提供基础，确保资源得到有效利用，并且在分权的情况下实现一定程度的控制。管理会计在预算控制中的作用体现在为管理者提供计划和控制决策所需要的各种反馈信息，表现为记录实际的业绩，分析实际业绩并将其与预算进行对比，向管理者提供业绩报告并进行比较分析。

二、全面预算管理的含义和作用

（一）全面预算管理的含义

全面预算管理是利用预算对企业内部各部门、各单位的各种财务及非财务资源进行分配、考核、控制，以便有效地组织和协调企业的生产经营活动，完成既定的经营目标。全面预算管理是企业全过程、全方位及全员参与的预算管理。

全面预算反映的是企业未来某一特定期间（一般不超过一年或一个经营周期的全部生产、经营活动的财务计划），它以实现企业的目标利润（企业一定期间内利润的预计额，是企业奋斗的目标，根据目标利润制定作业指标，如销售量、生产量、成本、资金筹集额等）为目的，以销售预测为起点，进而对生产、成本及现金收支等进行预测，并编制预计损益表、预计现金流量表和预计资产负债表，反映企业在未来期间的财务状况和经营成果。

（二）全面预算管理的作用

全面预算管理已经成为现代化企业不可或缺的重要管理模式。它通过业务、资金、信息、人才的整合，明确适度的分权授权，战略驱动的业绩评价等，来实现企业的资源合理配置并真实地反映出企业的实际需要，进而对作业协同、战略贯彻、经营现状与价值增长等方面的最终决策提供支持。就像美国著名管理学家戴维·奥利所指出的那样：全面预算管理是为数不多的几个能把组织的所有关键问题融合于一个体系之中的管理控制方法之一。实现全面预算管理的作用主要有：

1. 全面预算可以协调各部门的工作，实现战略化管理

全面预算能够细化公司战略规划和年度运作计划，它是对公司整体经营活动一系列量化的计划安排，有利于战略规划与年度运作计划的监控执行。

通过全面预算的编制，将有助于公司上下级之间，部门与部门之间的相互交流与沟通，增进相互之间的了解，加深部门及员工对公司战略的理解。

全面预算也为公司的全体员工设立了一定的行为标准，明确了工作努力的方向，促使其行为符合公司战略目标及预算的要求。

通过编制公司全面预算，使公司管理层必须认真考虑完成经营目标所需的方法与途径，并对市场可能出现的变化做好准备。

2. 全面预算是业绩考核的标准

全面预算是公司实施绩效管理的基础，是进行员工绩效考核的主要依据，通过预算与绩效管理相结合，使公司对其部门和员工的考核真正做到"有章可循，有法可依"。

3. 全面预算是控制日常经济活动的工具，可以降低风险

全面预算是公司管理层进行事前、事中、事后监控的有效工具，通过寻找经营活动实际结果与预算的差距，可以迅速地发现问题并及时采取相应的解决措施。通过强化内部控制降低了公司日常的经营风险。

全面预算体系中可以初步揭示企业下一年度的预计经营情况，根据所反映出的预算结果，预测其中的风险点所在，并预先采取某些风险控制的防范措施，从而达到规避与化解风险的目的。

4. 全面预算可以分配资源，节约成本

全面预算体系中有一部分数据会直接衡量下一年度企业财务、实物与人力资源的规模，可以用来作为调度与分配资源的重要依据之一。

通过全面预算可以加强对费用支出的控制，有效降低公司的营运成本。全面预算体系中包括有关企业收入、成本、费用的部分，通过对于这些因素的预测，并配合以预算报告与绩效奖惩措施，可以对下一年度的实际经营水平进行日常监控与决策。当公司的收入、成本费用水平偏离预算时，企业决策者就可以根据预算报告中所反映的问题采取必要的管理措施，加以改进。而且考虑到收入与成本费用间的配比关系，全

面预算体系可以为收入水平增长情况下的成本节约提供较为精确的估计。

三、全面预算的内容和编制程序

全面预算主要是通过全方位地规划计划期间企业的经营活动及其成果，为企业和职能部门明确目标和任务，通常由三个部分构成，包括业务预算、专门决策预算和财务预算。

业务预算是为供应、生产销售以及管理活动所编制的预算，主要内容包括销售预算、生产预算、直接材料预算、直接人工预算、制造费用预算、产成品存货预算、销售与管理预算等。

专门决策预算是指企业非常规的预算，即企业为计划期内不经常发生的长期投资决策项目或一次性专门业务所编制的预算。

财务预算是业务预算中能够以货币表示的部分，它是指企业在计划期内反映有关预计的现金收支、经营成果和财务状况的预算，各种业务预算最后都会在财务预算中得到反映，因此，财务预算也称为总预算。财务预算包括现金预算、预计利润表、预计资产负债表和预计财务状况变动表。

在三类预算里，财务预算是预算的主体，综合性最强。业务预算和专门决策是财务预算的基础，因为财务预算的各项指标有赖于业务预算和专门决策预算。

企业全面预算的各项预算前后衔接，互相勾稽，形成一个完整的体系。如图 5-1 所示：

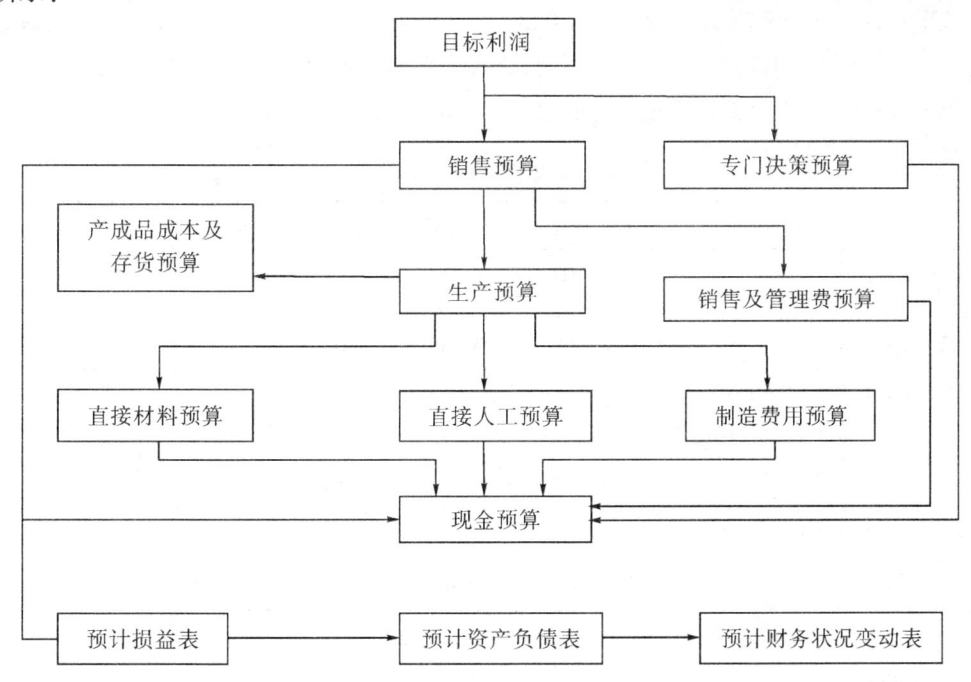

图 5-1 全面预算体系

第二节 全面预算的编制原理和方法

一、销售预算

销售预算是整个预算的编制起点,生产、材料采购、存货、费用等其他预算的编制都以销售预算作为基础。它与其他各项预算之间在不同程度上有直接或间接的联系,如销售预算编制不当,整个预算体系将毫无意义,并会给管理人员带来时间和精力的极大浪费。

销售预算的编制根据有:以往销售量和尚未交货的订货量的历史数据;销售预测的资料;产品的销售单价;销售货款收回的规定;等等。

通常销售预算应分别按年分季度、产品的名称、数量、单价、金额等编制。然而,销售预算又必须以销售预测为基础,可以通过确定未来期间预计的销售量和销售单价确定预计的销售收入。公式如下:

预计销售收入 = 预计销售量 × 预计销售单价

通常,销售预算会附有预算期的"预计收现计划表",该表用于编制财务预算类的现金预算,包括前期应收款的收回和本期销售货款的收入。

例 5 - 1 假设甲公司生产一种 H 产品,在预测期 2010 年对全年四个季度的销售情况进行了预测,预计销售量分别为:8 000 件、9 000 件、8 000 件、7 500 件,销售单价为 50 元。每季度的销售收入中 50% 的收入会在当季收到款,剩下的 50% 会在下一季度收到。假设年初的应收账款为 220 000 元。编制销售预算如表 5 - 1 所示:

表 5 - 1 2010 年度销售预算

项目		第一季度	第二季度	第三季度	第四季度	全年合计
预计销售量(件)		8 000	9 000	8 000	7 500	32 500
销售单价(元/件)		50	50	50	50	50
预计销售收入(元)		400 000	450 000	400 000	375 000	1 625 000
预计现金收入计算表	期初应收账款(元)	220 000				220 000
	一季度销售收入(元)	200 000	200 000			400 000
	二季度销售收入(元)		225 000	225 000		450 000
	三季度销售收入(元)			200 000	200 000	400 000
	四季度销售收入(元)				187 500	187 500
	现金收入合计(元)	420 000	425 000	425 000	387 500	1 657 500

二、生产预算

生产预算是在销售预算的基础上编制的,其主要内容有销售量、期初和期末存货、生产量。生产预算主要是为了具体规划企业在预算期内产品生产活动,确定预算期内的产品生产的实际数量及其具体分布情况,并为进一步预算成本和费用提供依据。

编制依据:销售预算的每季度预计销售量;期初及期末的存货水平。

生产预算是安排预算期生产规模的计划,在销售预算确定后,可以根据预计销售量按产品名称、数量编制生产预算。产品的预计生产量可根据预计销售量和期初、期末的预计库存量确定,其计算公式:

预计生产量 = 预计销售量 + 预计期末产成品存货 - 预计期初产成品存货

例 5-2 续前例,为了避免存货不够,甲公司要求各季度的期末存货量始终保持在下一季度销售量的 15%,预算期末预计存货为 1 000 件,预算期期初存货量为 900 件。各季度生产预算如表 5-2 所示:

表 5-2　　　　　　　　　2010 年度生产预算　　　　　　　　单位:件

项　目	第一季度	第二季度	第三季度	第四季度	全年合计
预计销售量(销售预算)	8 000	9 000	8 000	7 500	32 500
加:预计期末存货量	1 350	900	1 125	1 000	1 000
预计需要量合计	9 350	9 900	9 125	8 500	33 500
减:期初存货量	900	1 350	900	1 125	900
预计生产量	8 450	8 550	8 225	7 375	32 600

三、直接材料预算

预算期的生产预算完成后,据其编制直接材料预算,确定预算期的材料采购量和采购额。

编制依据:预算期生产量,直接材料单位耗用量及标准价格等。

编制方法:预算期的生产量与单位产品材料用量的乘积是材料的生产用量,但是材料的生产用量并不一定就是应该采购的数量,因为企业往往要保存一定数量的材料以备临时性产量变化之需。预算期直接材料的生产用量与期末应有的材料存货量之和,是预算期直接材料的需要量减去期初直接材料存货量,这才是预算期应该采购的直接材料数量,用公式表示:

预算期直接材料采购量 =(预算期生产量×单位产品材料标准耗用量 + 预算期末直接材料存货量)- 预算期初直接材料存货量

例 5-3 续前例,该公司生产的 H 产品,每件耗用 A 材料 2 千克,每千克 5 元。所购材料货款于当季支付 60%,下季支付 40%,各季度季末材料库存按下一季度生产需要量的 10% 计算。预算期初和期末的材料库存量分别为 2 000 千克和 1 500 千克。年初应付款为 8 000 元。编制相应的直接材料预算表见表 5-3。

表 5-3　　　　　　　　　　　2010 年度直接材料预算

	项　目	第一季度	第二季度	第三季度	第四季度	全年合计
直接材料采购预算	预计生产量（生产预算）/件	8 450	8 550	8 225	7 375	32 600
	单位产品材料消耗定额/千克	2	2	2	2	2
	预计生产需料量/千克	16 900	17 100	16 450	14 750	65 200
	加：期末存料量/千克	1 710	1 645	1 475	1 500	1 500
	预计材料需要量合计/千克	18 610	18 745	17 925	16 250	66 700
	减：期初存料量/千克	2 000	1 710	1 645	1 475	2 000
	预计购料量/千克	16 610	17 035	16 280	14 775	64 700
	材料单价/元/千克	10	10	10	10	10
	预计购料金额/元	166 100	170 350	162 800	147 750	647 000
预计现金支出计算表	期初应付购料款/元	8 000				8 000
	一季度购料款/元	99 660	66 440			166 100
	二季度购料款/元		102 210	68 140		170 350
	三季度购料款/元			97 680	65 120	162 800
	四季度购料款/元				88 650	88 650
	现金支出合计/元	107 660	168 650	165 820	153 770	595 900

四、直接人工预算

直接人工预算是为直接生产工人的人工耗费编制的预算，也是以生产预算为基础编制的，同时结合了直接人工标准耗用量和标准工资率等。它用来规划预算期内各类工种的人工工时的消耗水平和人工成本金额。

编制依据：生产预算的每季预计生产量；单位产品工时定额；每小时的人工工资率。

编制方法：以生产预算为基础，用生产量乘以单位标准工时得到预算期需用工时，然后再乘以标准工资率，可得到直接人工的工资耗费总额。由于不同工种和不同级别的工人单位工时人工工资会不同，所以预算期内直接人工工资总额应该分不同的工资水平分类计算，然后加总求得。

预算期直接人工成本 = 预算期生产量 × ∑（单位标准工时 × 标准工资率）

例 5-4　续前例，H 产品单位产品需用直接人工 3 小时，每小时工资为 5 元。由此编制直接人工预算，如表 5-4 所示：

表 5-4　　　　　　　　　　　2010 年度直接人工预算

项　目	第一季度	第二季度	第三季度	第四季度	全年合计
预计生产量（生产预算）/件	8 450	8 550	8 225	7 375	32 600
单位产品工时定额/小时	3	3	3	3	3
直接人工工时定额/小时	25 350	25 650	24 675	22 125	97 800
工资率/元/小时	5	5	5	5	5
预计直接人工成本总额/元	126 750	128 250	123 375	110 625	489 000

五、制造费用预算

制造费用是指生产成本中除了直接材料、直接人工以外的生产费用。

制造费用预算是根据预算期全年及各季的生产量、各种标准耗用量和标准价格资料编制的。制造费用的编制一般采用变动成本法,制造费用通常分为变动制造费用和固定制造费用两部分。制造费用的难点在于有效地划分变动制造费用和固定制造费用。固定制造费用有最重要的特征即费用总额只是在一定范围内固定不变,不足或超过范围,费用总额就产生变化。变动制造费用指费用总额随着产出水平而按比例变动的费用。各项变动制造费用总额等于各种单位标准费用额乘以预算期产量或工时需用量加总。各项变动制造费用单位标准制造费用,即变动制造费用分配率,可以将全年的变动制造费用分配到各季度。

变动制造费用分配率=预算期变动制造费用总额÷预算期生产量(元/单位产品)

变动制造费用分配率=预算期变动制造费用总额÷预算期直接人工工时总额(元/直接人工工时)

生产单一产品的企业可以采用上述任何一个公式计算,生产多品种的企业应该采用第二个公式。

固定制造费用与企业的生产能力有关,应根据企业的生产能力确定固定制造费用的开支标准。制造费用中,大部分需在当期用现金支付,但也有一部分是预提费用和待摊费用,所以为了便于财务预算,在编制制造费用的同时,还要编制现金支出计算表。但应注意:固定资产折旧费的性质属于固定制造费用,但不需要支付现金,应予以剔除。

例5-5 续前例,甲公司制造费用预算如表5-5,制造费用的现金支出预算如表5-6。

表5-5　　　　　　　　　　2010年度制造费用预算

变动性制造费用				固定性制造费用	
项目	小时费用分配率	单位产品费用分配率	全年费用额/元	项目	全年费用额/元
间接人工	30%	1.2	39 120	管理人员工资	20 000
间接材料	30%	1.2	39 120	保险费用	10 080
维修费用	20%	0.8	26 080	维修费用	26 920
水电费用	10%	0.4	13 040	折旧	46 800
其他	10%	0.4	13 040		
合计	1	4	130 400	合计	103 800

表 5-6　　　　　　　　　　制造费用现金支出计算表

	项　目	第一季度	第二季度	第三季度	第四季度	全年合计
变动部分	预计生产量/件	8 450	8 550	8 225	7 375	32 600
	单位产品费用分配率	4	4	4	4	4
	小　计/元	33 800	34 200	32 900	29 500	130 400
固定部分	固定费用	25 950	25 950	25 950	25 950	103 800
	减：折旧	11 700	11 700	11 700	11 700	46 800
	小　计/元	14 250	14 250	14 250	14 250	57 000
	合　计/元	48 050	48 450	47 150	43 750	187 400

六、产品成本预算

企业为了正确计算损益表中预计产品销售成本和资产负债表中预计产成品期末存货，一般都要编制单位产品成本预算和期末产成品存货预算，即产品成本预算。

产品成本预算是以生产预算、直接材料预算、直接人工预算、制造费用预算为基础，用来规划预算期单位产品的预期生产成本金额，主要包括产品的单位成本、生产成本、销售成本以及期初期末产成品存货成本等内容。

产品成本预算是根据各项成本的价格标准和用量标准的乘积得到标准成本来计算。所谓价格标准也就是直接材料的计划单价，直接人工的小时工资率，变动制造费用的分配率；用量标准是指材料消耗定额，工时定额。

例 5-6　续前例，编制单位产品成本和期末存货预算表，如表 5-7 所示：

表 5-7　　　　　　　　　　2010 年度单位生产成本预算

成本项目	价格标准（元）	用量标准（元）	合计（元）
直接材料	5	2	10
直接人工	5	3	15
变动制造费用	1	4	4
单位变动生产成本（或标准成本）			29
期末存货预算	期末存货数量（生产预算）（元）		1 000
	单位变动生产成本（或标准成本）（元）		29
	期末存货金额（元）		29 000

七、销售及管理费用预算

销售及管理费用预算，是为产品销售活动和一般行政管理活动中发生的各项费用的预算。它的主要编制依据是预算期的销售量水平，以及各费用明细项目的具体情况（各种有关的标准耗用量及标准价格资料）。

销售及管理费用预算的编制方法与制造费用预算编制类似，一般也分为固定费用和变动费用两个部分。由于销售及管理费用中也存在一定的沉没成本和待摊、预提费用，也需要编制现金支出计算表。

例 5-7 续前例，该公司的销售及管理费用预算和销售及管理费用现金支出分别如表 5-8、表 5-9 所示：

表 5-8　　　　　　　　　2010 年度销售及管理费用预算　　　　　　　　单位：元

变动性销售及管理费用			固定性销售及管理费用	
项目	单位产品应分配费用额	全年费用额	项目	全年费用额
销售佣金	0.5	16 250	行政管理人员工资	48 000
运输费用	0.7	22 750	保险费	14 000
销售人员工资	0.6	19 500	广告费	52 600
其他	0.2	6 500	其他	28 400
合计	2	65 000	合计	143 000

表 5-9　　　　　　　　2010 年度销售及管理费用现金支出计算表

项目	第一季度	第二季度	第三季度	第四季度	全年合计
销售量/件	8 000	9 000	8 000	7 500	32 500
变动性销售及管理费用/元现金支出	16 000	18 000	16 000	15 000	65 000
固定性销售及管理费用/元现金支出	35 750	35 750	35 750	35 750	143 000
现金支出合计/元	51 750	53 750	51 750	50 750	208 000

八、现金预算

编制现金预算的主要目的在于加强预算期内对现金流量的预算控制，使财务人员做到心中有数，可避免在现金短缺时措手不及，也可以在现金出现短期闲置时，使现金得到充分的利用。

现金预算反映预算期现金流转状况，是所有有关现金收支预算的汇总，包括以下四个部分：现金收入、现金支出、资金融通和期末现金余额。此处的现金只指货币资金，包括库存现金和银行存款等。

现金收入包括预算期初现金余额和预算期内发生的现金收入，包括销售收入、应收账款、票据贴现等。

现金支出包括预算期内发生的各种现金支出，包括支付材料采购款，支付工资、制造费用和销售及管理费用，还包括上缴税金，支付股利和设备购置款等。

资金融通是指为了保持预算期合理的现金余额，以现金预算中的现金余缺数为出发点，通过筹资以弥补现金不足，通过偿还借款或短期投资以运用多余现金。当现金余缺为正时，现金收大于支，多余的现金除了用于偿还借款之外，还可以进行短期投资，购买有价证券；当现金余缺为负时，现金支大于收，为了弥补现金不足，可向银行借款，也可发放短期商业票据来筹集资金，但同时也要计划还本付息的期限和金额。

期末现金余额 = 计划期现金收入总额 - 现金支出总额 - 资金投放或归还总额 + 资金筹措总额

现金预算的编制必须以涉及现金收支的销售预算、直接材料预算、直接人工预算、制造费用预算、销售及管理费用预算等为基础，还需要现金库存限额的资料以及有关的专门决策预算中的资料。

现金预算应按年分季或分月编制，以便对现金流量进行有效控制。季内或月内借入资金的具体时间不易确定，所以借入资金的时间通常列为季初或月初，归还借款本息的时间通常列为季末或月末。这种方法可以有效地保证预算期内对现金的需求，但趋于保守。

例 5-8 续前例，预计甲公司在预算期期初现金余额为 56 000 元，预算期内公司有购置机器设备的计划，预计在第一季度购置一台车床 23 000 元，第四季度购置磨床一台 22 000 元。公司根据现金收支情况，预计二季度向银行借款 20 000 元，第四季度末归还贷款和利息（年利息率 10%）。根据预测的收入，预算期间预计缴纳所得税 26 000 元，增值税 69 000 元。根据董事会发放股利计划，预算期内发放股利 20 000 元。2010 年度全年的现金预算综合如表 5-10 所示：

表 5-10　　　　　　　　　2010 年度现金预算　　　　　　　　　单位：元

摘要	第一季度	第二季度	第三季度	第四季度	全年合计
期初现金余额	56 000	90 790	107 690	115 345	56 000
加：现金收入	420 000	425 000	425 000	387 500	1 657 500
可动用现金合计	476 000	515 790	532 690	502 845	1 713 500
减：现金支出					
采购直接材料	107 660	168 650	165 820	153 770	595 900
支付直接人工	126 750	128 250	123 375	110 625	489 000
支付制造费用	48 050	48 450	47 150	43 750	187 400
支付销售及管理费用	51 750	53 750	51 750	50 750	208 000
缴纳税金	23 000	24 000	24 250	23 750	95 000
购置固定资产	23 000			22 000	45 000
支付股利	5 000	5 000	5 000	5 000	20 000
现金支出合计	385 210	428 100	417 345	409 645	1 640 300
现金结余（或不足）	90 790	87 690	115 345	93 200	73 200
借入现金		20 000			20 000
偿还借款				-20 000	-20 000
支付利息（年利率 10%）				-1 000	-1 000
期末现金余额	90 790	107 690	115 345	72 200	72 200

九、预计利润表

预计利润表的编制是以前期的业务预算为支出，按照权责发生制原则进行编制的，可以反映预算期的盈利情况和财务成果。

预计利润表是根据销售预算、制造费用预算、产品成本预算、销售及管理费用预算等相关资料，以及有关的专门决策预算和现金预算编制的。

由于缴纳所得税的方式通常是按季预缴、按年汇算清缴，对外报告的收益表按年编制，所以预计利润表通常是按年不分季度编制的，格式与损益表基本相同。其中，所得税额通常用专门决策求得，一般使用估计数值，而非税前净利与所得税税率的乘积。由于税法的规定与会计处理不完全相同，有些费用按税法规定不能列作税前费用，而在会计处理中都可列作税前费用。

例 5-9 续前例，甲公司预计利润表如表 5-11 所示。

表 5-11 预计利润表 单位：元

摘 要	金额
销售收入	1 625 000
减：变动成本：	
变动生产成本(32 500×29)	942 500
变动销售及管理费用	65 000
变动成本总额	1 007 500
贡献毛益总额	617 500
减：固定成本：	
固定制造费用	103 800
固定销售及管理费用	143 000
固定成本总额	246 800
营业净利	370 700
减：利息费用	1 000
税前净利	369 700
减：所得税	95 000
税后净利	274 700

十、预计资产负债表

预计资产负债表反映企业预算期末的财务状况，是根据预算期初资产负债表和全面预算中的其他各项预算编制的。

预计资产负债表的编制依据有：预算期初的资产负债表，计划期间各资产负债项目发生增减变动的有关资料（如业务预算中的表、现金预算表、预计利润表）。

预计资产负债表是以期初资产负债表为基础进行编制，对业务预算和现金预算中的有关数据进行调整，在编制时需要不断协调好各个预算之间的关系，企业的管理者才能通过预计资产负债表了解到企业未来期间的财务状况，以便改进。

例 5 – 10 续前例，根据计划期间各类预算中有关资料进行编制预算期末的预计资产负债表如表 5 – 12 所示。表中除标出的期初数已知，其余项目均根据前面的预算表格填列。

表 5 – 12　　　　　　　　　　预计资产负债表　　　　　　　　　　单位：元

资　产		权　益	
1. 现金	72 200	8. 应付购料款（表 9 – 3）	147 750 × 40% = 591 00
2. 应收款	375 000 × 50% = 187 500		
3. 材料存货	1 500 × 5 = 7 500	9. 普通股股本	6 000 00
4. 产品存货	29 000	10. 留存收益	560 000（期初）+ 274 700（本期）– 20 000（发放股利）= 8 147 00
5. 厂房及设备	400 000（期初）+ 45 000（本期）= 445 000		
6. 土地	500 000		
7. 累计折旧	185 800（期初）+ 46 800（本期）= 232 600		
资产合计	1 473 800	权益合计	1 473 800

由以上两表可知，预计的利润表和资产负债表的编制方法与一般的财务报表并无差别，不同的只是这里的预计财务报表用的是预测的数据，而通常的财务报表上列示的是历史数据。

第三节　预算控制的主要方法

预算按其是否可以按业务量调整，分为静态预算和弹性预算两类。静态预算也称为固定预算。

一、固定预算

固定预算是指是指在编制预算时，只根据预算期内正常的、可实现的某一固定业务量（如生产量、销售量）水平作为唯一基础来编制预算的一种方法。固定预算有两个基本特征：

（1）不考虑预算期内业务量水平可能发生的变动，只按照预算期内计划预定的某一特定的业务量水平为基础确定相应的数据；

（2）不考虑实际经营的动态变化，以预定的业务量水平为基础进行业绩评价、考核。

固定预算适用于编制相对稳定的预算，一般在计划和实际不会有较大出入的情况下，可采用固定预算。固定预算的计算比较直接也比较简单，由于企业生产经营状况受主观条件影响很大，不确定的因数很多，经常发生变动，使预算的作用受到了限制。这种方法简便易行，较为直观，但是机械呆板，可比性差，不利于正确地控制、考核和评价预算的执行情况。全面预算的编制通常以销售预算为起点，在考虑了多方因素之后最后确定预计销售和销售单价，就可以用固定的预算确定预计的销售收入。

例 5-11 某公司在预算期内预计销售 50 000 件，单位售价 100 元，年固定性制造费用为 1 200 000 元，年固定性销售管理费用 800 000 元，实际生产及销售的产品为 40 000 件。变动单位成本的构成：直接材料 20 元，直接人工 5 元，制造费用 4 元，销售管理费用 2 元。

表 5-13　　　　　　　　　　　　　固定预算　　　　　　　　　　　　　单位：元

项目	固定预算	实际	差异
销售量	50 000	40 000	-10 000
销售收入	5 000 000	4 000 000	-1 000 000
减：变动成本			
直接材料	1 000 000	900 000	-100 000
直接人工	250 000	200 000	-50 000
制造费用	200 000	210 000	10 000
销售管理费用	100 000	130 000	30 000
变动成本合计	1 550 000	1 440 000	-110 000
贡献毛益	3 450 000	2 560 000	-890 000
减：固定成本			
直接费用	1 200 000	700 000	-500 000
销售管理费用	800 000	900 000	100 000
固定成本合计	2 000 000	1 600 000	-400 000
利润	1 450 000	960 000	-490 000

固定预算的方法也可用于生产预算，对预算期的生产量、销售量及期末存货所需的资源。生产预算必须与企业生产能力相匹配，为避免出现生产能力不足或闲置降低企业生产经营的经济效益的情况，生产预算在执行之前必须经过生产部门的审批。

二、弹性预算

弹性预算又称动态预算，是以业务量、成本和利润之间的依存关系为依据，以预算期可预见的各种业务量水平为基础，编制能够适应多种情况预算的一种方法。弹性预算是与固定预算相对的，由于企业在实际的生产经营活动中会受到市场因素变化的影响，预算期的各项指标都有可能发生变化，固定预算的结果将失去意义。因此，充分考虑各项指标的变化，编制出能适应各预定指标不同变化情况下的预算，会使预算对于企业在预算期内的生产经营活动更具有针对性和指导性，同时也更利于企业考核和评价各部门的经营业绩和成果。弹性预算主要用于编制成本预算、销售及管理费用预算和利润预算。

编制弹性预算所依据的业务量可以是产量、销售量、直接人工工时、机器工时、材料消耗量或直接人工工资等。

适用于与业务量有关预算的编制，主要用于成本费用预算和利润预算。

与固定预算相比，弹性预算有两个显著特点：

（1）弹性预算是按一系列业务量水平编制的，从而扩大了预算的适用范围。

（2）弹性预算是按成本性态分类列示的，在预算执行中可以计算一定实际业务量的预算成本，可比性强，便于预算执行的评价和考核。

理论上，该方法适用于编制全面预算中所有与业务量有关的预算，但实务中，主要用于编制弹性成本费用预算和弹性利润预算，尤其是编制费用预算。

编制弹性成本（费用）预算的主要方法包括：公式法、列表法和图示法。

编制收入预算时，从收入部分看是根据不同的销售水平确定不同的收入额，计算公式是：

弹性预算收入额 = 单位产品价格 × 销售量

编制成本预算时，计算公式为：

弹性预算成本额 = 单位变动成本 × 实际业务量 + 固定成本预算额

弹性预算的编制步骤如下：

（1）确定预算期内可能的业务量范围；

（2）分析业务量范围内的收入成本发生水平，并进行成本性态分析；

（3）依据成本性态分析，确定成本发生额对业务量的依存度；

（4）在确定的业务量范围内，选择数个具有代表性的业务量水平，根据确定的成本公式确定预算额。

例5-12　B公司预算年度2010年的生产能力利用达到100%时，直接人工工时达到5 000工时，辅助工人工时达2 000工时，每工时5元。当生产能力利用率发生变动时，直接人工工时和辅助工人工时按同比例变动。该企业制造费用相关明细项目的数据如下：（1）管理人员工资，在相关业务量范围内，固定为10 000元；（2）辅助材料，每工时负担0.20元；（3）维修费：当生产能力利用达到100% ~ 110%时，其数额为3 000元。若超出这一范围，生产能力利用率每变动10%，维修费变动5%；（4）水费：当生产能力利用达到90% ~ 100%时，水电费为2 000元。若超出这一范围，生产能力利用率每变动10%，水费变动6%；（5）设备租金：3 000元。要求：根据上述资料采用列表法为该企业编制一套能适应多种业务量的制造费用弹性预算（生产能力利用率为80% ~ 110%，间隔为10%）。

表 5-14　　　　　　　　　　2010 年制造费用弹性预算　　　　　　　　　单位：元

生产能力利用率	80%	90%	100%	110%
直接人工工时	4 000	4 500	5 000	5 500
变动性制造费用				
辅助工人工资	8 000	9 000	10 000	11 000
辅助材料	800	900	1 000	1 100
混合性制造费用				
维修费	2 700	2 850	3 000	3 000
水费	1 880	2 000	2 000	2 120
固定性制造费用				
管理人员工资	10 000	10 000	10 000	10 000
设备租金	3 000	3 000	3 000	3 000
制造费用预算额	26 380	27 750	29 000	30 220

在表 5-14 中，B 公司的制造费用弹性预算以生产能力利用率为标准，范围从 80%～110%，考察在此范围内生产能力利用率的变化对一些非固定性制造费用的影响，10% 为一个间隔单位。从形式上看，对比固定预算，弹性预算相当于合并了几份不同业务量水平的固定预算，可以让企业的经营管理者以一种动态变化的观点来看待企业未来可能的经营水平。

弹性预算除了编制一般的收入和成本预算之外，更重要的是可以以销售预算为起点，进行全面弹性预算。在全面弹性预算中，可以把销售弹性预算和成本弹性预算联系起来，进行总预算和明细预算。编制方法请结合上一章内容，此处不再赘述。

第四节　预算控制的其他方法

一、零基预算

传统的编制费用预算的方法，是以现有的费用水平为基础，根据预期的变动调整有关的数据。传统的方法以承认现实的基本合理性为前提，也就是说，原来不合理的费用开支也会继续存在下去，会造成资金的巨大浪费。在现代市场经济条件下，竞争更加的激烈，所以对企业内部的预算控制提出了更高的要求，原来的传统思维受到了挑战。零基预算方法应运而生。

零基预算（zero-based budget）与传统的编制费用预算的方法相对，不以现有费用水平为基础，对所有预算收支项目，以零为基点，对每个项目费用开支的大小及必要性进行认真反复分析/权衡，评定分析，据以判定其开支的合理性，并根据生产经营的客观需要与一定期间内资金供应的实际可能，在预算中对各个项目进行择优安排，一次分配预算资源，从而节约费用开支，提高资金的使用效益。零基预算的特点在于它不以现有费用水平为基础，而是如同企业刚创立那样，一切从零开始，对企业内部的一切业务进行必要性和重要性的分析和评定。

此法特别适用于产出较难辨认的服务性部门费用预算的编制。

零基预算的编制包括以下几个具体步骤：

（1）提出费用开支方案。企业内部各基层预算单位要根据企业的总体目标，结合本部门业务提出各项开支费用，并对该开支的性质、目的、必要性等做出详细的说明。

（2）对基层预算单位的各项业务活动的必要性和费用开支进行一一的考核审定。

（3）由基层预算单位对本身的业务活动作具体分析，对每项业务活动进行成本效益分析，并根据轻重缓急的程度排序，分等级。

（4）根据生产经营的客观需要与一定期间内资金供应的实际可能，再结合上面的排列顺序结合等级顺序，形成综合的费用预算，依次分配资源。

例5-13 某公司预对销售管理费用预算的编制采用零基预算的编制方法，预算编制人员提出的预算年度开支水平如下表5-15所示：

表5-15　　　　　　　　年度开支水平预算

费用项目	开支金额（万元）
业务招待费	200
广告费	180
办公费	80
保险费	50
职工福利费	40
劳动保护费	30
合计	580

假定公司预算年度对上述费用可动用的财力资源只有500万元，经过充分论证，认为上述费用中广告费、保险费和劳动保护费必须得到全额保证，业务招待费、办公费和职工福利费可以适当压缩，按照去年历史资料得出的业务招待费、办公费和职工福利费的成本效益分析如表5-16所示：

表5-16　　　　　　　　成本效益分析

费用项目	成本金额（元）	收益金额（元）
业务招待费	1	6
办公费	1	3
职工福利费	1	1

金额分配步骤：

（1）确定不可避免项目的预算金额＝180＋50＋30＝260（万元）

（2）确定可避免项目的可供分配资金＝500－260＝240（万元）

（3）按成本效益比重分配确定可避免项目的预算金额：

业务招待费预算额 = 240×6/10 = 144（万元）

办公费预算额 = 240×3/10 = 72（万元）

职工福利费预算额 = 240×1/10 = 24（万元）

零基预算目前已被西方国家广泛地运用，它冲破了传统预算方法的限制，有一定的积极意义，但同时也具有一定的局限性。

和传统预算编制方法相比，零基预算具有以下优点：

1. 有利于提高员工的"投入—产出"意识

传统的预算编制方法，主要是由专业人员完成的，零基预算以"零"为起点观察和分析所有业务活动，并且不考虑过去的支出水平，因此，需要动员企业的全体员工参与预算编制，这样使得不合理的因素不能继续保留下去，从投入开始减少浪费，通过成本—效益分析，提高产出水平，从而能使投入产出意识得以增强。

2. 有利于合理分配资金

每项业务经过成本—效益分析，对每个业务项目是否应该存在、支出金额若干，都要进行分析计算，精打细算，量力而行，能使有限的资金流向富有成效的项目，所分配的资金能更加合理。

3. 有利于发挥基层单位参与预算编制的创造性

零基预算的编制过程，使企业内部情况易于沟通和协调，企业整体目标更趋明确，多业务项目的轻重缓急容易得到共识，有助于调动基层单位参与预算编制的主动性、积极性和创造性。

4. 可以充分地利用企业的资源

零基预算极大地增加了预算的透明度，预算支出中的人头经费和专项经费一目了然，各级之间争吵的现象可能缓解，预算会更加切合实际，目标明确，可区别各方案的轻重缓急，充分地利用企业的资源。

尽管零基预算法和传统的预算方法相比有许多好的创新，但在实际运用中仍存在一些"瓶颈"。

（1）由于一切工作从"零"做起，因此采用零基预算法编制工作量大、费用相对较高；

（2）分层、排序和资金分配时，可能有主观影响，容易引起部门之间的矛盾；

（3）任何单位工作项目的"轻重缓急"都是相对的，过分强调项目，可能使有关人员只注重短期利益，忽视本单位作为一个整体的长远利益。

二、滚动预算

滚动预算（rolling budget）又称为永续预算或连续预算，是指在编制预算时，将预算期与会计年度脱离开，随着预算的执行不断延伸补充预算，逐期向后滚动，使预算期始终保持为一个固定期间的一种预算编制方法。

其基本特点是始终保持一个稳定的预算期，一般的企业都是保持一年的预算期，那么每过去一个月，就应根据新的情况调整并补充一个月的预算资料，使预算期始终保持为 12 个月。

滚动预算可以使企业的管理层始终保持一个稳定的视野，对企业未来一定期间内的经营活动进行持续的筹划，不用临时编制新的预算，同时也可以使企业未来的经营管理工作有条不紊地展开。这种方法适用于规模较大、时间较长的工程类或大型设备采购项目。

滚动预算的优点如下：

（1）能保持预算的完整性、继续性，有助于企业管理当局从动态中把握企业的未来。能使各级管理人员始终保持对未来一定时期的生产经营活动做周详的考虑和全盘规划，保证企业的各项工作有条不紊地进行。

（2）滚动预算有助于提高预算的准确性。滚动预算的预算期间具有动态固定特性，说它具有固定特性是因为滚动预算始终要保持一个固定的预算期间，通常为一年或者长于一年的一个经营周期；说它有动态特性，是因为每经过一个月，就根据已经掌握了的新的情况对后几个月的预算进行调整和修正，并在原来的预算期末随即补充一个月的预算。由此可见，滚动预算是在预算实施过程中，不断地修正、调整和延续预算。随着时间的推移，原来较粗的预算就逐渐由粗变细，同时，又补充新的较粗的预算，如此往复，不断滚动。预算的准确性也就不断地得到了提高。

（3）由于预算能随时间的推进不断加以调整和修订，能使预算与实际情况更相适应，有利于充分发挥预算的指导和控制作用。有利于管理人员对预算资料作经常性的分析研究，并根据当前的执行情况及时加以修订，保证企业的经营管理工作稳定而有秩序地进行。

当然，采用滚动预算的方法，预算编制工作比较繁重。所以，也可以采用按季度滚动来编制预算，而在执行预算的那个季度里，再按月份分旬具体地编制预算，这样可以适当简化预算的编制工作。总之，预算的编制是按月份滚动还是按季度滚动，应视实际需要而定。

三、概率预算

在预算控制中，很多的业务量水平都有存在的可能性，如果我们把这个可能性具体化成概率，我们就可以从整体上了解各种业务量水平下的可能的收入额或者成本额，及各种业务量水平发生的可能性。这个预算过程称为概率预算。

例 5 – 14　现在对 A 企业的某种产品进行销售成本及利润的预测。该产品单位售价 100 元，固定成本为 80 万元，在预算期内该产品的销售量有两种可能性：50 000 件和 60 000 件，并且这两种销售量发生的概率分别为 0.4 和 0.6。生产产品的人工费和材料价格也受到市场的影响，综合起来看，单位产品的变动成本也有两种可能，60 元和 70 元，发生的概率分别为 0.3 和 0.7。其他项目的发生额均是确定的。

在此次成本预测中，存在两个变量：销售量和变动成本。这两个变量分别都有两种可能性，我们可以综合各种可能性，得到更贴切的数据。

表 5-17　　　　　　　　　　　　　概率预算

项目					预测值
销售量（万件）	5		6		5.6
变动成本单价（元）	60	70	60	70	-
销售收入（万元）	500	500	600	600	560
减：总变动成本（万元）	300	350	360	420	375.2
贡献毛益（万元）	200	150	240	180	184.8
固定成本（万元）	80	80	80	80	80
利润（万元）	120	70	160	100	104.8
概率	0.12	0.28	0.18	0.42	-

如上表所示，我们以销售量为前提，之后考虑每一种可能的变动成本下的贡献毛益、利润。要得到最后一列的预测值，就必须考虑各种销售量和变动成本发生的概率。最后一行的销售量为 5 万，变动成本为 300 万的发生概率为：$0.4 \times 0.3 = 0.12$，以此类推，其余三项分别为 0.28，0.18，0.42。销售收入的预测值为：$0.4 \times 500 + 0.6 \times 600 = 560$（元），变动成本的预测值为：$300 \times 0.12 + 350 \times 0.28 + 360 \times 0.18 + 420 \times 0.42 = 375.2$（元），贡献毛益的预测值为 $560 - 375.2 = 184.8$（元），所以利润的预测值为 $184.8 - 80 = 104.8$（元）。

综上所述，通过概率分析我们可以得到更准确科学的预测。

第六章　成本控制

学习目标

通过本章的学习，要求学生理解成本控制的意义及原则，掌握标准成本法的基本原理、变动成本差异和固定制造费用成本差异的计算，理解成本差异的账务处理，并对标准成本法在我国的应用现状有所了解。

第一节　成本控制的意义及原则

成本控制就是在企业生产经营过程中，对影响成本的各种因素加以管理，通过成本管理使产品成本按照人们事先测算确定的成本水平进行，防止和克服生产过程中损失和浪费的发生，从而使企业的人力、物力、财力得到合理利用，达到节约生产耗费、降低成本、提高经济效益的目的。

一、成本控制的意义

1. 成本控制是成本管理的重要手段

成本管理包括成本的预测、决策、计划、控制、核算和分析等环节，在这些环节中，成本的预测、决策和计划为成本控制提供了依据。而成本控制既要保证成本目标的实现，同时还要渗透到成本预测、决策和计划之中。现代化成本管理中的成本控制，着眼于成本形成的全过程。

2. 成本控制有利于改善企业经营管理

企业的生产经营活动和管理水平对产品成本水平有直接影响。实行成本控制，要求建立相应的控制标准和控制制度，如材料消耗定额和领发制度，工时定额、费用定额等都应该及时修订和修订，并加强各项管理工作，以保证成本控制的有效进行。

3. 成本控制有利于明确经济责任

实行成本控制，首先需要成本指标层层分解落实到企业的各个部门和各个环节。要求各部门、各环节对经济指标承担经济责任，以促使职工主动考虑节约消耗、降低成本，以保证成本指标的完成，使成本控制顺利进行，收到实效。

二、成本控制的原则

根据成本控制的长期经验和体会，以及人们对成本形成过程的研究，许多人提出过有效控制成本的原则，但看法不一。成本控制的原则可以概括为以下四条：

1. 经济原则

经济原则，是指因推行成本控制而发生的成本不应超过因缺少控制而丧失的收益。

经济原则要求成本控制要能起到降低成本、纠正偏差的作用，具有实用性。成本控制系统应能揭示何处发生了失误，谁应对失误负责，并能确保采取纠正措施。只有通过适当的计划工作、组织工作和领导工作来纠正脱离目标的偏差，才能证明成本控制系统是有用的。

经济原则要求在成本控制中贯彻"例外管理"原则。对正常成本费用支出可以从简控制，而格外关注各种例外情况。例如，对脱离标准的重大差异展开调查，对超出预算的支出建立审批手续等。

经济原则还要求贯彻重要性原则。应把注意力集中于重要事项，对成本细微尾数、数额很小的费用项目和无关大局的事项可以从略。

经济原则要求成本控制系统应具有灵活性。面对已更改的计划，出现了预见不到的情况，控制系统仍能发挥作用，不至于在市场变化时控制系统成为无用的"装饰品"。

2. 因地制宜原则

因地制宜原则，是指成本控制系统必须个别设计，适合特定企业、部门、岗位和成本项目的实际情况，不可照搬别人的做法。

适合特定企业的特点，是指大型企业和小型企业，老企业和新企业，发展快和相对稳定的企业，这个行业和那个行业的企业，同一企业的不同发展阶段，其管理重点、组织结构、管理风格、成本控制方法和奖金形式都应当有区别。例如，新建企业的管理重点是销售和制造，而不是成本；正常营业后管理重点是经营效率，要开始控制费用并建立成本标准；扩大规模后管理重点转为扩充市场，要建立收入中心和正式的业绩报告系统；规模庞大的老企业，管理的重点是组织的巩固，需要周密的计划和建立投资中心。不存在适用所有企业的成本控制模式。

适合特定部门的要求，是指销售部门、生产部门、技术开发部门、维修部门和管理部门的成本形成过程不同，建立控制标准和实行控制的方法应有区别。

适合职务与岗位责任要求，是指总经理、厂长、车间主任、班组长需要不同的成本信息，应为他们提供不同的成本控制报告。

适合成本项目的特点，是指材料费、人工费、制造费用和管理费用的各明细项目，以及资本支出等，有不同的性质和用途，控制的方法应有区别。

3. 全员参与原则

企业的任何活动，都会发生成本，都应在成本控制的范围之内。任何成本都是人的某种作业的结果，只能由参与或者有权干预这些活动的人来控制。任何成本控制方法，其实质都是设法影响执行作业或有权干预作业的人，使他们能自我控制。所以，每个职工都应有成本控制义务，明确成本控制责任。成本控制是全体职工的共同任务，只有通过全体职工协调一致的努力才能完成。

4. 领导支持原则

由于成本控制涉及全体员工，并且不是一件受人欢迎的事情，因此必须受到最高领导的重视和支持，否则只会流于形式，导致企业成本控制不利，经济效益不好。

第二节　标准成本法概述

标准成本法是指在充分调查、分析和技术测定的基础上，首先制定合理的标准成本，然后将标准成本与实际成本进行比较，得出两者的成本差异，最后对成本差异进行因素分析，据以评价实际成本、衡量工作效率的一种成本控制方法。

一、标准成本法的形成

标准成本法的产生与 1903 年泰罗的《工厂管理》一书有着密切的联系。书中提出产品的标准操作程序及时间定额，为标准成本法的产生提供了启示。1904 年泰罗理论的继承者美国效率工程师哈尔顿·爱默森（H. Emeson）首先在美国铁道公司应用标准成本法，并对该方法进行了更为详细的研究，并认为由实际成本制度获得的数据既过时又缺乏正确性，而标准成本法则能随时显示实际成本与标准成本的差异，使管理者对于标准的效率予以关注。因为他不是会计师，因此没有提出差异的分析及会计账务处理方法。1911 年，美国会计师卡特·哈里逊（Chatter Harrison）首先设计出了一套完整的标准成本制度。1920 年，在美国全国成本会计师协会召开的首届年会上，会计人员与工程设计人员设计了一套将实际成本与标准成本结合起来的方法，同时设置了会计科目，核算实际工时、实际材料与其各自标准的差异。1923 年，随着间接费用差异分析方法的确定，标准成本法才真正形成并进入了实施阶段。标准成本法作为一种成本核算和管理方法，是适应科学管理的需要而产生和形成的，它有利于克服实际成本制度的缺陷。

二、运用标准成本法的作用

实施标准成本法的主要作用表现在以下几个方面：

（1）标准成本法的采用有助于控制成本。标准成本作为事前和事中控制的依据，能够及时发现成本管理中存在的问题，及时地纠正偏差，可以降低成本，提高企业经济效益。

（2）标准成本法的采用可以简化产品成本的计算。由于产品成本是由直接材料、直接人工和制造费用等成本项目构成的，因而也应根据这些项目的特点分别制订其标准成本。采用标准成本法，将标准成本和成本差异分别列示，原材料、产成品和生产成本均可按标准成本直接入账，这就大大地简化了账务处理工作。而最终将标准成本与成本差异重新组合，可便捷地将标准成本还原为实际成本。

（3）标准成本系统的形成有助于企业各部门的协调。因为标准成本的实现要求企业的各个职能部门进行协调一致的努力。

（4）标准成本作为计量业绩的尺度，能起到对员工的考核和激励作用，提高他们的责任感和积极性。由于标准成本的准确性对标准成本系统的实施成效至关重要，因而在确定标准时，要求较全面地实行技术经济分析，从而为标准成本系统的有效性奠定坚实的基础。

三、标准成本的分类

标准成本是在正常经营条件下应该实现的，可以作为控制成本开支、评价实际成本、衡量工作效率的依据和尺度的一种目标成本。在制定标准成本时，根据所要求达到的效率的不同，所采取的标准有理想标准成本、现实标准成本和正常标准成本。

1. 理想标准成本

理想标准成本是以现有的技术、设备在最佳的生产经营条件下所发生的成本水平作为标准成本。采用这种标准成本，意味着实际发生的成本应达到现有条件理想的最低限度，不允许任何浪费的存在。这种标准成本要求太高，通常会因达不到而影响工人的积极性，同时让企业管理者感到在任何时候都没有改进的余地，因此实际工作中很少采用。

2. 现实标准成本

现实标准成本是指企业在现有的生产运营条件下应该达到的成本水平，它是根据现在所采用的价格水平、生产耗用量以及生产经营能力利用程度制定的标准成本。这种标准成本最接近实际成本，最切实可行，所以通常认为现实标准成本能激励工人努力工作，达到所制定的标准成本，并能为管理层提供评价的依据。在经济形势变化的情况下，这种标准成本最为合适，它与正常标准成本不同，需要根据现实情况不断修改，而正常标准成本通常在较长时间内固定不变，因而在现实生活中被广泛采用。

3. 正常标准成本

正常标准成本是根据企业的正常生产能力，以有效经营条件为基础而制订的标准成本。正常标准成本可以采用企业过去较长时期内实际数据的平均值，并根据未来的变动趋势来制订。由于在制订这种标准成本时，把那些在现实条件下难以完全避免的超额耗费也计算在内，所以这种标准成本的实现，对管理人员和工人来说是可以经过努力达到的，因而在成本管理工作中能充分发挥其应有的作用。在生产技术水平稳定的情况下，正常标准成本可以在较长时间内采用。

第三节　标准成本差异分析

标准成本是一种目标成本，受各种因素的影响，产品的实际成本往往会偏离目标成本。实际成本与标准成本之间的差额，就称为标准成本的差异，或称为成本差异。成本差异是反映实际成本偏离预定目标程度的信息。为了消除这种偏差，要对产生的成本差异进行分析，以便找出原因，采取相应的措施纠正偏差，降低成本，实现企业价值最大化的目标。

由于成本包括直接材料、直接人工和制造费用三大部分，因此，成本差异也包括直接材料成本差异、直接人工成本差异和制造费用差异三部分。制造费用差异还可进一步细分为变动制造费用差异和固定制造费用差异。按成本是否变动可将成本分为变动成本和固定成本，直接材料、直接人工和变动制造费用都属于变动成本，固定制造费用属于固定成本，以下就分别对变动成本差异和固定制造费用成本差异进行介绍。

一、变动成本差异的分析

直接材料、直接人工和变动制造费用都属于变动成本，其成本差异分析的基本方法相同。由于它们的实际成本高低取决于实际用量和实际价格，标准成本的高低取决于标准用量和标准价格，所以其成本差异可以归结为价格脱离标准造成的价格差异与用量脱离标准造成的数量差异两类。

$$成本差异 = 实际成本 - 标准成本$$

$$= 实际数量 \times 实际价格 - 标准数量 \times 标准价格$$

$$= 实际数量 \times 实际价格 - 实际数量 \times 标准价格 + 实际数量 \times 标准价格 - 标准数量 \times 标准价格$$

$$= 实际数量 \times (实际价格 - 标准价格) + (实际数量 - 标准数量) \times 标准价格$$

$$= 价格差异 + 数量差异 \tag{6.1}$$

有关数据之间的关系如图 6-1 所示：

$$
\left.
\begin{array}{l}
①实际数量 \times 实际价格 \\
②实际数量 \times 标准价格 \\
③标准数量 \times 标准价格
\end{array}
\right\}
\begin{array}{l}
价格差异\ ①-② \\
数量差异\ ②-③
\end{array}
\bigg\}\ 成本差异\ ①-③
$$

图 6-1 变动成本差异

（一）直接材料成本差异分析

直接材料成本差异是指一定产量产品的直接材料实际成本与直接材料标准成本之间的差额。该项差异形成的基本原因有两个：一是价格脱离标准；二是用量脱离标准。前者按实际用量计算，称为价格差异；后者按标准价格计算，称为数量差异。

$$材料价格差异 = 实际数量 \times （实际价格 - 标准价格） \tag{6.2}$$

$$材料数量差异 = （实际数量 - 标准数量） \times 标准价格 \tag{6.3}$$

现将以上公式综合如下：

$$
\left.
\begin{array}{l}
①实际数量 \times 实际价格 \\
②实际数量 \times 标准价格 \\
③标准数量 \times 标准价格
\end{array}
\right\}
\begin{array}{l}
价格差异\ ①-② \\
数量差异\ ②-③
\end{array}
\bigg\}\ 成本差异\ ①-③
$$

图 6-2 直接材料成本差异

例6-1 美华公司2月生产甲产品800件，使用A材料5 000千克，A材料单价为0.5元/千克；A材料的单位产品标准成本为3元，即每件产品耗用6千克A材料，每千克A材料的标准价格为0.6元。根据上述公式计算：

A材料价格差异 = 5 000 × (0.5 - 0.6) = -500（元）

A材料数量差异 = (5 000 - 800 × 6) × 0.6 = 120（元）

A材料成本差异 = 价格差异 + 数量差异 = -500 + 120 = -380（元）

或者：

A材料成本差异 = 实际成本 - 标准成本
 = 5 000 × 0.5 - 800 × 6 × 0.6
 = 2 500 - 2 880 = -380（元）

从上例可知，由于材料价格方面的原因使材料成本下降了500元，而由于材料用量的原因使材料成本上升了120元，因此材料成本下降了380元。

影响材料价格的因素有很多，如供应厂家价格变动、未按经济采购批量进货、未能及时订货造成的紧急订货、采购时舍近求远使运费和途耗增加、不必要的快速运输方式等。一般来说，采购部门对材料采购价格和采购费用是可以进行控制的，因此材料价格差异通常应由采购部门负责。但在分析材料价格差异时，应充分考虑到造成差异的原因及这些因素的可控程度。例如，由于客观因素造成的运输延误，不得不由铁路运输改为空运或通货膨胀造成的价格上涨，因此而增加的采购成本或费用属于不可控的因素。因此，对于材料价格差异，需要进行具体分析和调查，才能明确最终原因和责任归属，以便有针对性地采取措施，降低材料成本。

材料数量差异是在材料耗用过程中形成的，反映生产部门的成本控制业绩，因此一般由生产部门有关人员负责。材料数量差异形成的具体原因有许多，如操作疏忽造成废品和废料增加、工人用料不精心、操作技术改进而节省材料、新工人上岗造成多用料、机器或工具不适用造成用料增加等。有时多用料并非生产部门的责任，如购入质量低劣的材料则属采购部门责任，如由于设备管理部门的原因致使生产设备不能完全发挥其生产能力则属设备管理部门责任。因此，要进行具体的调查研究才能明确责任归属。

（二）直接人工成本差异分析

直接人工成本差异，是指一定产量产品的直接人工实际成本与直接人工标准成本之间的差额。它也被区分为"价差"和"量差"两部分。价差是指实际工资率脱离标准工资率，其差额按实际工时计算确定的金额，又称为工资率差异。量差是指实际工时脱离标准工时，其差额按标准工资率计算确定的金额，又称人工效率差异。

工资率差异 = 实际工时 × (实际工资率 - 标准工资率)　　　　　　(6.4)

人工效率差异 = (实际工时 - 标准工时) × 标准工资率　　　　　　(6.5)

现将以上公式综合如下：

①实际工时×实际工资率 ⎫ 工资率差异
②实际工时×标准工资率 ⎬ ①-②   ⎫ 成本差异
③标准工时×标准工资率 ⎭ 人工效率差异 ⎬ ①-③
                         ②-③   ⎭

图 6-3　直接人工成本差异

例 6-2　美华公司 2 月生产甲产品 800 件，实际使用工时 1 500 小时，支付工资 8 250 元；直接人工的标准成本是 10 元/件，即每件产品标准工时为 2 小时，标准工资率为 5 元/小时。按上述公式计算：

工资率差异 = $1\,500 \times \left(\dfrac{8\,250}{1\,500} - 5\right)$ = $1\,500 \times (5.5 - 5)$ = 750（元）

人工效率差异 = $(1\,500 - 800 \times 2) \times 5$ = $(1\,500 - 1\,600) \times 5$ = -500（元）

人工成本差异 = 工资率差异 + 人工效率差异 = 750 - 500 = 250（元）

或者：

人工成本差异 = 实际人工成本 - 标准人工成本
　　　　　　 = $8\,250 - 800 \times 10$ = 250（元）

从上例可知，由于实际工资率高于标准工资率造成直接人工成本上升 750 元，而由于实际人工工时耗用量低于标准人工工时耗用量造成直接人工成本下降 500 元，因此直接人工成本差异上升 250 元。

工资率差异形成的原因，包括直接生产工人升级或降级、奖励制度未产生实效、工资率调整、加班或使用临时工、出勤率变化等，原因复杂而且难以控制。一般说来，应归属于人事劳动部门管理，差异的具体原因会涉及生产部门或其他部门。

影响人工效率的因素很多，如工作环境不良、工人经验不足、劳动情绪不佳、新工人上岗太多、机器或工具选用不当、设备故障较多、产量太少无法发挥批量节约优势等。这主要是生产部门的责任，但也有例外。例如，材料质量不好，也会影响生产效率，但应是采购部门的责任。因此，要对差异形成的原因进行具体的分析，以便分清责任，采取有效控制措施。

（三）变动制造费用的差异分析

变动制造费用的差异，是指一定产量产品的实际变动制造费用与标准变动制造费用之间的差额。它也可以分解为"价差"和"量差"两部分。价差是指变动制造费用的实际小时分配率脱离标准，按实际工时计算的金额，反映耗费水平的高低，故称为耗费差异。量差是指实际工时脱离标准工时，按标准的小时费用率计算确定的金额，反映工作效率变化引起的费用节约或超支，故称为变动制造费用效率差异。

$$\text{变动制造费用标准分配率} = \dfrac{\text{变动制造费用预算总数}}{\text{直接人工标准总工时}} \quad (6.6)$$

$$\text{变动制造费用实际分配率} = \dfrac{\text{变动制造费用实际总数}}{\text{直接人工实际总工时}} \quad (6.7)$$

$$\text{变动制造费用耗费差异} = \text{实际工时} \times \left(\text{变动制造费用实际分配率} - \text{变动制造费用标准分配率}\right) \quad (6.8)$$

变动制造费用效率差异 =（实际工时 - 标准工时）× 变动费用标准分配率　　（6.9）

$$\left.\begin{array}{l}\text{①实际工时} \times \text{实际分配率} \\ \text{②实际工时} \times \text{标准分配率} \\ \text{③标准工时} \times \text{标准分配率}\end{array}\right\} \begin{array}{l}\text{耗费差异} \\ \text{①-②} \\ \text{效率差异} \\ \text{②-③}\end{array} \biggr\} \text{变动制造费用差异 ①-③}$$

图 6 - 4　变动制造费用差异

例 6 - 3　美华公司 2 月生产甲产品 800 件，实际使用工时 1 500 小时，实际发生变动制造费用 3 600 元；变动制造费用标准成本为 4 元/件，即每件产品标准工时为 2 小时，标准的变动制造费用分配率为 2 元/小时。按上述公式计算：

$$变动制造费用耗费差异 = 1\,500 \times \left(\frac{3\,600}{1\,500} - 2\right) = 1\,500 \times (2.4 - 2) = 600（元）$$

变动制造费用效率差异 =（1 500 - 800 × 2）× 2 = -100 × 2 = -200（元）

变动制造费用成本差异 = 变动制造费用耗费差异 + 变动制造费用效率差异
　　　　　　　　　　= 600 - 200 = 400（元）

或者：

变动制造费用成本差异 = 实际变动制造费用 - 标准变动制造费用
　　　　　　　　　　= 3 600 - 800 × 4 = 400（元）

变动制造费用的耗费差异，是实际支出与按实际工时和标准费率计算的预算数之间的差额。由于后者承认实际工时是在必要的前提下计算出来的弹性预算数，因此该项差异反映耗费水平即每小时业务量支出的变动制造费用脱离了标准。耗费差异是部门经理的责任，他们有责任将变动制造费用控制在弹性预算限额之内。

变动制造费用效率差异，是由于实际工时脱离了标准工时，多用工时导致的费用增加，因此其形成原因与人工效率差异相同。

二、固定制造费用的差异分析

固定制造费用的差异分析与各项变动成本差异分析不同，其分析方法有"二因素分析法"和"三因素分析法"两种。

(一) 二因素分析法

二因素分析法，是将固定制造费用差异分为耗费差异和能量差异两部分进行计算的方法。

耗费差异是指固定制造费用的实际金额与固定制造费用预算金额之间的差额。固定费用与变动费用不同，不因业务量而变，故差异分析有别于变动费用。在考核时不考虑业务量的变动，以原来的预算数作为标准，实际数超过预算数即视为耗费过多。其计算公式为：

固定制造费用耗费差异 = 固定制造费用实际数 - 固定制造费用预算数　　（6.10）

能量差异是指固定制造费用预算与固定制造费用标准成本的差异，或者说是实际业务量的标准工时与生产能量的差额用标准分配率计算的金额。它反映实际产量标准工时未能达到生产能量而造成的损失。其计算公式如下：

$$\begin{aligned}\text{固定制造费}\\\text{用能量差异}\end{aligned} = \text{固定制造费用预算数} - \text{固定制造费用标准成本}$$

$$= \text{固定制造费用标准分配率} \times \text{生产能量} - \text{固定制造费用标准分配率} \times \text{实际产量标准工时}$$

$$= \left(\text{生产能量} - \text{实际产量标准工时}\right) \times \text{固定制造费用标准分配率} \tag{6.11}$$

例 6-4 美华公司 2 月实际产量 800 件，发生固定制造成本 2 600 元，实际工时为 1 500 小时；企业生产能力为 900 件即 1 800 小时；每件产品固定制造费用标准成本为 3 元/件，即每件产品标准工时为 2 小时，标准分配率为 1.50 元/小时。

固定制造费用耗费差异 = 2 600 - 1 800 × 1.5 = -100（元）

固定制造费用能量差异 = 1 800 × 1.5 - 800 × 2 × 1.5 = 2 700 - 2 400 = 300（元）

固定制造费用成本差异 = 耗费差异 + 能量差异 = -100 + 300 = 200（元）

或者：

固定制造费用成本差异 = 实际固定制造费用 - 标准固定制造费用

= 2 600 - 800 × 3 = 200（元）

（二）三因素分析法

三因素分析法，是将固定制造费用成本差异分为耗费差异、效率差异和闲置能量差异三部分。耗费差异的计算与二因素分析法相同。不同的是要将二因素分析法中的"能量差异"进一步分为两部分：一部分是实际工时未达到生产能量而形成的闲置能量差异；另一部分是实际工时脱离标准工时而形成的效率差异。其计算公式如下：

$$\begin{aligned}\text{固定制造费用}\\\text{闲置能量差异}\end{aligned} = \text{固定制造费用预算} - \text{实际工时} \times \text{固定制造费用标准分配率}$$

$$= \left(\text{生产能量} - \text{实际工时}\right) \times \text{固定制造费用标准分配率} \tag{6.12}$$

$$\begin{aligned}\text{固定制造费用}\\\text{效率差异}\end{aligned} = \text{实际工时} \times \text{固定制造费用标准分配率} - \text{实际产量标准工时} \times \text{固定制造费用标准分配率}$$

$$= \left(\text{实际工时} - \text{实际产量标准工时}\right) \times \text{固定制造费用标准分配率} \tag{6.13}$$

① 实际工时 × 实际分配率
② 预算工时（生产能量）× 标准分配率
③ 实际工时 × 标准分配率
④ 实际产量标准工时 × 标准分配率

耗费差异 ①-②
闲置能力差异 ②-③
效率差异 ③-④

固定制造费用差异 ①-④

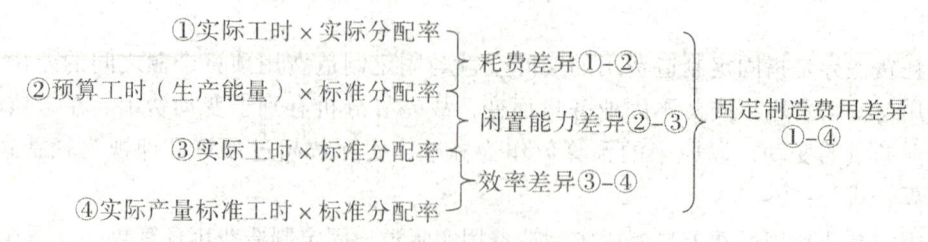

图 6-5 固定制造费用三因素差异分析

例6-5 依例6-4资料采用三因素分析法计算：

固定制造费用耗费差异 = 2 600 - 1 800 × 1.5 = -100（元）

固定制造费用闲置能量差异 = （1 800 - 1 500）× 1.5 = 300 × 1.5 = 450（元）

固定制造费用效率差异 = （1 500 - 800 × 2）× 1.5 = -100 × 1.5 = -150（元）

固定制造费用能量差异 = 固定制造费用闲置能量差异 + 固定制造费用效率差异
= 450 - 150 = 300（元）

与例6-4计算的固定制造费用能量差异 = 1 800 × 1.5 - 800 × 2 × 1.5 = 2 700 - 2 400 = 300（元）一致。

固定制造费用耗费差异形成的原因是多方面的，应根据原因，将责任落实到相关部门。例如，固定资产折旧费的变化应由财务部门负责；修理费开支变化应由设备维修部门负责。但有些费用则属不可控因素，不应由某个部门来承担责任，如水电费调价。

固定制造费用能量差异是由于现有生产能力未充分发挥而造成的差异，很难简单地确定责任的归属。例如，因原材料供应不及时，导致停工待料；机器设备发生故障，增加了修理时间；操作工人技术水平有限，未能充分发挥设备能力等。因此需根据实际情况进行分析，将责任落实到相应的部门。

第四节 成本差异的账务处理

就一个完整的标准成本系统而言，标准成本的制定和成本差异的计算、分析、控制应与成本核算结合起来，成为一种成本核算和成本控制相结合的完整体系。把标准成本纳入账簿体系不仅能够提高成本计算的质量和效率，使标准成本发挥更大功效，而且可以简化记账手续。

一、成本差异核算账户的设置

采用标准成本法进行账务处理时，对产品的标准成本与成本差异应分别进行核算。

1. 反映各项标准成本的账户

在标准成本系统中，"原材料""生产成本"和"产成品"账户通常应采用标准成本进行核算，无论是借方和贷方均登记实际数量的标准成本，其余额亦反映这些资产的标准成本。

2. 反映各项成本差异的账户

在标准成本系统中，要按成本差异的类别设置一系列成本差异账户，如"材料价格差异""材料数量差异""直接人工效率差异""直接人工工资率差异""变动制造费用耗费差异""变动制造费用效率差异""固定制造费用耗费差异""固定制造费用效率差异""固定制造费用能量差异"等。差异账户的设置，要同采用的成本差异分析方法相适应，为每一种成本差异设置一个账户。

当实际成本超过标准成本时，其差异额计入有关成本差异账户的借方，这种差异称为不利差异或超支额；反之，当实际成本低于标准成本时，其差异额计入有关成本差异账户的贷方，这种差异称为有利差异或节约额。

二、成本差异的会计处理方法

在标准成本系统中，对各项成本差异的处理方法主要有以下两种：

1. 结转本期损益法

按照这种方法，在会计期末将所有差异转入"本年利润"账户，或者先将差异转入"主营业务成本"账户，再随同已销产品的标准成本一起转至"本年利润"账户。

采用这种方法需确定企业的标准成本是真正的正常成本，成本差异是不正常的低效率和浪费造成的，应当直接体现在本期损益之中，使利润能体现本期工作成绩的好坏。此外，这种方法的账务处理比较简便。但是，如果差异数额较大或者制定的标准成本不符合实际的正常水平，则不仅使存货成本严重脱离实际成本，而且会歪曲本期经营成果，因此，在成本差异数额不大时才适合采用这种方法。

2. 调整销货成本与存货法

按照这种方法，在会计期末将成本差异按比例分配至已销产品成本和存货成本。采用这种方法的依据是会计制度要求以实际成本反映存货成本和销货成本。本期发生的成本差异，应由存货和销货成本共同负担。但是，这种方法会增加产品成本的计算工作量；另外，有些费用计入存货成本可能不够合理，例如，闲置能量差异是一种损失，并不能在未来获得收益，如作为资产计入存货成本就明显不合理，应作为期间费用处理。

针对成本差异的不同，可以采用不同的处理方法，如材料价格差异多采用销货成本与存货法，闲置能量差异多采用直接处理法，其他差异则可因企业具体情况而定。

三、标准成本系统账务处理实例

下面通过具体实例进一步说明标准成本系统账务处理的程序。

某公司产品成本计算采用标准成本法，有关资料如下：

（1）单位产品标准成本

直接材料（10千克×3元/千克）	30
直接人工（4小时×4元/小时）	16
变动制造费用（4小时×1.5元/小时）	6
固定制造费用（4小时×1元/小时）	4
单位产品标准成本（元）	56

（2）本月生产和销售情况

生产能量（小时）	11 000
月初在产品数量（件）	0
本月产品投产数量（件）	2 500

本月产品完工入库数量（件）   2 500
月末在产品数量（件）   0

1. 原材料的购入

本月购入第一批原材料 30 000 千克，实际成本 88 500 元（未付）。

实际成本 = 88 500（元）

标准成本 = 30 000 × 3 = 90 000（元）

价格差异 = 88 500 - 90 000 = -1 500（元）

借：原材料   90 000
　　贷：材料价格差异   1 500
　　　　应付账款   88 500

2. 原材料的领用

本月投产 2 500 件，领用材料 25 500 千克。

实际成本 = 25 500 × 3 = 76 500（元）

标准成本 = 2 500 × 10 × 3 = 75 000（元）

材料数量差异 =（25 500 - 2 500 × 10）× 3 = 1 500（元）

借：生产成本   75 000
　　材料数量差异   1 500
　　贷：原材料   76 500

3. 直接人工工资

本月实际使用直接人工 9 750 小时，支付工资 40 950 元，平均每小时 4.2 元。

借：应付职工薪酬   40 950
　　贷：银行存款   40 950

实际成本 = 40 950（元）

标准成本 = 2 500 × 16 = 40 000（元）

人工工资率差异 = 9 750 ×（4.2 - 4）= 1 950（元）

人工效率差异 =（9 750 - 2 500 × 4）× 4 = -1 000（元）

借：生产成本   40 000
　　直接人工工资率差异   1 950
　　贷：直接人工效率差异   1 000
　　　　应付职工薪酬   40 950

4. 变动制造费用

本月实际发生变动制造费用 15 600 元，实际费用分配率为 1.6 元/小时（15 600/9 750）。

实际成本 = 9 750 × 1.6 = 15 600（元）

标准成本 = 2 500 × 4 × 1.5 = 15 000（元）

变动制造费用耗费差异 = 9 750 ×（1.6 - 1.5）= 975（元）

变动制造费用效率差异 =（9 750 - 2 500 × 4）× 1.5 = -375（元）

借：生产成本 15 000
　　变动制造费用耗费差异 975
　贷：变动制造费用效率差异 375
　　　变动制造费用 15 600

5. 固定制造费用

本月实际发生固定制造费用 10 725 元，实际费用分配率为 1.1 元/小时（10 725/9 750）。

实际成本 = 9 750 × 1.1 = 10 725（元）

标准成本 = 2 500 × 4 × 1 = 10 000（元）

固定制造费用耗费差异 = 10 725 − 11 000 × 1 = −275（元）

固定制造费用闲置能量差异 =（11 000 − 9 750）× 1 = 1 250（元）

固定制造费用效率差异 =（9 750 − 2 500 × 4）× 1 = −250（元）

借：生产成本 10 000
　　固定制造费用闲置能量差异 1 250
　贷：固定制造费用耗费差异 275
　　　固定制造费用效率差异 250
　　　固定制造费用 10 725

6. 完工产品入库

本月完工产成品 2 500 件。

完工产品标准成本 = 2 500 × 56 = 140 000（元）

借：产成品 140 000
　贷：生产成本 140 000

7. 结转成本差异

假设本企业采用"结转本期损益法"处理成本差异：

借：主营业务成本 2 275
　　材料价格差异 1 500
　　直接人工效率差异 1 000
　　变动制造费用效率差异 375
　　固定制造费用耗费差异 275
　　固定制造费用效率差异 250
　贷：材料数量差异 1 500
　　　直接人工工资率差异 1 950
　　　变动制造费用耗费差异 975
　　　固定制造费用闲置能量差异 1 250

第五节 标准成本法在我国的应用现状及对策

一、标准成本法在我国的应用现状

1. 我国企业管理基础相对薄弱

标准成本的基本要求就是产品结构要合理，单位消耗要科学，单价要合理。因此在制定标准成本时可通过对行业、市场和历史数据进行全面分析，结合本公司的实际情况，科学、合理地制定标准成本。在执行标准成本法时，不仅要求构成产成品的原材料、零部件、半成品和人工以及使用的设备、工艺流程等各项因素都要有标准，而且需要对其实行科学化的管理，还要有健全的原始记录以及完备的计量、检验、检测制度等，需要完善各项企业管理的基础工作。使用标准成本法的企业数量较少的一个重要原因就是标准成本的制定过程比较精细，通常需技术测定的帮助，而会计工作和技术测定相结合比较困难。

2. 会计准则不支持标准成本法

按我国的财务会计要求，存货在取得时按实际的取得成本入账。如果企业按照计划成本进行存货成本核算的，企业对存货的实际成本和计划成本之间的差异需要通过"材料成本差异"或"产品成本差异"科目将材料或产成品的计划成本调整为实际成本。领用或发出的存货，按照实际成本核算的，应当采用先进先出法、加权平均法、个别计价法等确定其实际成本。按我国对成本归集的要求，成本归集适用制造成本法，而标准成本法适用变动成本法，两者的成本内容相差了一个固定制造费用，进而引起当期利润的差异，尤其是在产销失衡情况下影响更大。

二、促进标准成本法在我国应用的对策

1. 加大宣传力度，促进观念的更新

在我国，人们已经习惯了简单易行的实际成本法和计划成本法，因此要促进标准成本法的应用应加大宣传力度，促进观念的更新。一方面，应加大对标准成本法的宣传力度，特别是对企业的高层领导做好宣传工作，使他们充分认识到这一方法的重要性和优越性，从而不断提高企业的经营环境，使企业产品结构合理，单位消耗科学，单价合理，为标准成本法的应用提供条件；另一方面，成本控制需要全员参与，既要加强对领导的宣传又要加强对员工的宣传，特别是要发挥员工在制定标准成本中的作用。

2. 会计准则的协调

标准成本法是国际流行的企业资源计划（enterprise resource planning，ERP）成本核算管理模块普遍采用的方法。随着我国经济的快速发展，企业的实力和管理水平已经有了长足的进步，包括会计软件在内的各种管理软件应用已经非常普遍。对于国内的大部分 ERP 软件来说，由于我国存货会计准则没有规定可以用标准成本计价，软件

是按照目前我国现行的会计准则研发的，大都不具有标准成本体系。换句话说，会计准则不支持ERP中的标准成本法。因此，会计的发展要顺应信息化潮流，首先要求财政部门将标准成本体系纳入现行的会计核算体系，解决好使用标准成本法的存货的计量、会计科目的设置、成本差异的会计处理以及税务处理问题等，这样不仅能够提高成本核算的质量和效率，简化账务处理手续；从管理上讲，可以将各项成本差异直接落实到各部门甚至个人，促进企业成本科学化、精细化管理，为企业构建科学的绩效考核体系直接提供了数据准备，从而更好地发挥标准成本应有的作用。

思考题

1. 什么是标准成本法？
2. 成本控制的原则有哪些？
3. 标准成本的分类？
4. 标准成本的作用是什么？
5. 试比较直接处理法与调整销货成本与存货法的区别？
6. 人工效率的影响原因有哪些？

练习题

1. 东风制造公司对其甲产品制定的直接材料与直接人工的标准成本如下：

成本项目	单位标准用量	标准价格	单位标准成本
直接材料	8 千克	1.75 元/千克	14 元
直接人工	0.5 小时	8 元/小时	4 元
合计			18 元

今年5月该公司购买原材料160 000 千克，实际购买成本304 000 元，实际发生直接人工成本75 600 元。东风公司5月份实际生产甲产品19 000 件，实际用直接材料142 500 千克，实际用直接人工工时9 500 小时。

要求：计算以下成本差异。

（1）直接材料价格差异；

（2）直接材料用量差异；

（3）直接人工工资率差异；

（4）直接人工效率差异。

2. 某企业采用标准成本制度计算产品成本。直接材料单位产品标准成本为135 元，其中：用量标准3 千克/件，价格标准45 元/千克。本月购入A材料一批32 000 千克，实际价格每千克40 元，共计1 280 000 元。本月投产甲产品8 000 件，领用A材料30 000 千克。

要求：

（1）计算购入材料的价格差异，并编制有关会计分录；

（2）计算领用材料的数量差异，并编制有关会计分录；

（3）采用"结转本期损益法"，计算月末结转材料价格差异与数量差异。

3. 假设某电器制造企业发生以下成本差异：有利的材料价格差异，不利的工资率差异，有利的生产能力利用差异和不利的材料用量差异。

要求：对每一项差异简单解释其形成的可能原因（至少一个原因），并指出对差异负有责任的部门或部门经理。

第七章 责任会计

学习目标

通过本章的教学，使学生掌握责任会计的基本概念、作用；掌握责任中心的概念、分类和特点；掌握内部转移价格的概念和种类。掌握责任会计在企业应用的方法；掌握责任中心业绩考评指标及评价方法；掌握内部转移价格的制定方法及应用。

在 1885 年以前，成本会计的进展非常缓慢，一个重要原因是成本数据的用途非常有限。通常，工厂计算成本的主要目的是确定期末存货的价值，以便报告期末财产和期间损益。在这种情况下，不存在实际成本与标准成本的比较以及让每个人对自己的绩效承担责任的管理制度。在 1885—1920 年之间，物价持续下跌，生产活动复杂化，企业组织规模扩大，促使成本会计取得了引人注目的进展。责任会计真正在实践中发挥作用，并且从理论和方法上成熟，是在 20 世纪 40 年代以后。第二次世界大战以后，科技进步推动了生产力的发展，以及竞争日益加剧，强烈要求企业内部管理合理化。在这种形势下，许多大公司推行分权化管理，采用事业部制的公司组织体系。对事业部制的企业的管理控制，需要完善的责任会计制度，使责任会计受到普遍重视，并对其各种方法进行了细微的改进和新的应用，最终形成现代管理会计中的责任会计。而我国从 50 年代就开始推行以班组核算为基础的厂内经济核算；60 年代开始推行与目标管理相类似的资金、成本归口分级管理形式，这些都可看成是我国责任会计的雏形。

第一节 责任会计概述

一、责任会计管理模式

责任会计的管理模式主要有集权制管理模式与分权制管理模式两种。这两种模式的区别主要表现在对责任中心设置的不同分权的程度不同。

集权制管理模式的主要特征是企业投资决策权和利润管理权掌握在企业最高层领导手中，把企业下属各部门仅设为成本或费用中心，考核其责任成本或责任费用。适当的集权有利于企业发展，但过分集权往往会造成比如决策质量不高、组织的适应能力下降以及组织成员的工作热情低迷的现象。

分权管理模式的主要表现形式是决策权部门化，即在企业中建立一种具有半自主权的内部组织机构。企业通过向下层层授权，使每一部门都拥有一定的权力和责任。应该说分权管理的主要目的是提高管理效率，而分权与效率的结合点就是企业整体经营管理目标。在企业整体目标的制约下，高层管理机构把一些日常的经营决策权直接授予负责该经营活动的责任中心，使其能针对具体情况及时作出处理，避免逐级汇报延误决策时机而造成损失，并充分调动各单位经营管理的积极性和创造性。分权管理通常适用于规模较大、产品品种多、市场变化快、地区分布较分散的产业。采用分权管理的优势主要体现为以下几个方面：

（1）有利于中层管理人员的培养。

（2）使高层管理人员从日常事务中解脱出来。企业最高层管理人员从其繁重的管理决策中解脱出来，才能集中有限的时间和精力关注企业最重要的战略决策。

（3）充分发挥下属的专长，弥补授权者自身的不足。

（4）提高下属的工作情绪，增强其责任心。通过对决策权的划分，使处于基层责任中心管理者在其授权范围内能对迅速变化的市场环境作出及时反应并作出相应的决策。

二、责任会计的定义

责任会计是一种管理制度，是管理会计的一个子系统，它是在分权管理的条件下，为适应经济责任制的要求，在企业内部建立若干责任单位，并对它们分工负责的经济活动进行规划与控制的一整套专门制度。在分权制企业中，要求利用会计信息对各分权单位进行业绩的计量、评价和考核，建立以责任中心为主体，以权、责、利相统一的企业内部严密的控制系统，通称为责任会计体系。基于企业内部责任单位业务活动的特点不同，一般可区分为成本（费用）中心、利润中心和投资中心三大类。归纳起来有以下七个方面：

（1）合理划分责任中心，明确规定权责范围。为各责任中心在企业授予的权力范围内独立自主地履行职责提供必要的条件。

（2）编制责任预算，确定各责任中心的业绩考核标准。明确各个责任中心在完成企业总的目标中各自的目标和任务，实现局部与整体的统一。

（3）区分责任中心的可控和不可控费用。各个责任中心工作成果的评价与考核应仅限于能为其工作好坏所影响的可控项目。

（4）合理制定内部转移价格。各个责任中心之间相互提供的产品和劳务，按合理制定的内部转移价格进行计价、结算。

（5）一个责任中心的工作成果如因其他责任中心的"过失"而受到损害，应由后者负责赔偿。

（6）制定合理有效的奖惩办法。按各责任中心的工作成果进行奖惩，鼓励先进，鞭策落后。

（7）评价和考核实际工作业绩。建立健全严密的生产、加工系统，落实责任，分析偏差指导行动，充分发挥信息反馈作用，促进企业的生产经营活动沿着预定目标卓有成效地进行。

（8）建立健全严密的报告系统，定期编制业绩报告。

三、责任会计的职能

责任会计的职能是指责任会计在企业内部管理中所具有的功能。根据责任会计的特点，可将责任会计的职能归纳为：责任预测职能；责任预算职能；责任核算职能；责任控制职能；责任考核职能。

（一）责任预测职能

责任会计的预测职能是指责任会计具有测算企业在一定会计期内可能实现的总体目标，即资金、成本、利润三大指标，并提出实现总体目标的方案的功能。

主要内容是它根据过去和现在可能获得的有关数据，运用一定的预测方法，预计和推测未来，作出资金预测、成本预测、利润预测，在预测的基础上把各种实现总目标的方案进行分析比较，权衡利弊，扬长避短，找出最佳方案，作出资金、成本、利润的最优决策，确定企业的总体目标。

（二）责任预算职能

责任会计的预算职能是指责任会计具有将企业经营的总体目标分解和具体化，进而形成各责任中心的责任预算，作为各责任中心努力目标以及权衡各责任中心工作业绩标准的功能。

（三）责任核算职能

责任会计的核算职能是指责任会计具有运用会计核算方法，对各责任中心日常发生的经济业务进行系统、完整的记录、计算、汇总，并通过一定方式向责任中心负责人和企业领导反映责任中心预算完成情况的功能。

（四）责任控制职能

广义的责任控制包括事前的预测控制、事中的日常控制以及事后的反馈控制。

责任会计的控制职能主要是指按照事先制定的责任预算，对责任中心的经济活动进行日常监督，随时将责任会计核算提供的实际数据与预算数据相对比，计算出实际脱离预算的差异，对于有利差异，要及时总结经验，以巩固成绩。对于不利差异，要及时采取措施，纠正不利偏差。将各责任单位的活动限定在规定的范围内，以求得目标的圆满实现。

（五）责任考核职能

责任会计的考核职能就是对责任单位的业绩进行考核、评价、结合权责实行奖惩以调动各责任中心积极性的功能。

四、建立责任会计制度的原则

1. 可控性原则

在建立责任会计制度时，应首先明确划分各责任单位的职责范围，使他们在真正能行使控制权的区域内承担经管责任。每个责任单位只能对其可控的成本、收入、利润和资金负责。在责任预算和业绩报告中，也只应包括他们能控制的因素，对于他们不能控制的因素则应排除在外，或只作为参考资料列示。

2. 目标一致性原则

目标一致性原则主要通过选择恰当的考核和评价指标来体现。首先，为每个责任单位编制责任预算时，就必须要求它们与企业的整体目标相一致；其次，通过一系列的控制步骤，促使各责任单位自觉自愿地去实现目标。单一性的考评指标往往会导致上下级目标的不一致，故考评指标的综合性与完整性是重要问题。

3. 责、权、利相结合的原则

要为每个责任单位、每个收支项目确定应由谁负责。同时责任者还必须有责有权，在为每个责任单位制订考评标准时，一定要重视对人的行为的激励，充分调动各个责任单位的工作积极性。

4. 反馈性原则

在责任会计中，要求对责任预算的执行情况有一套健全的跟踪系统和反馈系统，使各个责任单位不仅能保持良好、完善的记录和报告制度，及时掌握预算的执行情况，而且要通过实际数与预算数的对比、分析，迅速运用各自的权力，控制和调节他们的经济活动。

5. 及时性原则

各个责任单位在编制业绩报告以后，应及时将有关信息反馈给责任者，以便他们迅速调控自己的行为。

第二节 责任中心及其类型

一、责任中心的定义

一个规模较大的企业，在实行分权经营体制的条件下，按照"目标管理"的原则，将企业生产经营的整体目标分解为不同层次的子目标，落实到有关单位去完成而形成的企业内部责任单位，称为"责任中心"。

责任中心是按企业管理体制和实行经济责任制的要求，在企业内部有明确责任范围、有相应的权力并能自己进行控制的单位。责任中心通常包括企业内部由专人承担责任和行使权力的成本、利润或投资所发生的单位。本质上是以各责任中心的责任预算为标准，根据责任核算提供的信息和资料，对责任中心的工作成果进行分析、评价，并使其工作成果和物质利益结合起来。

二、划分责任中心的原则

对企业划分责任中心时，不仅要结合企业的实际情况，还要遵循以下原则：
（1）在企业的生产经营活动中，具有相对独立的地位，能独立承担一定的经济责任。

（2）拥有一定的管理和控制责任范围内有关经营活动的权力。
（3）能制订明确的目标，并具有达到目标的能力。
（4）在经营活动中，能独立地执行和完成目标规定的任务。

三、责任中心的分类

责任中心可划分为成本中心、利润中心和投资中心。成本中心可以划分为狭义的成本中心和对部门费用负责的费用中心；狭义的成本中心又可以划分为没有下属责任单位的基本成本中心和具有下属责任单位的复合成本中心；利润中心又可以划分为自然利润中心和人为利润中心。

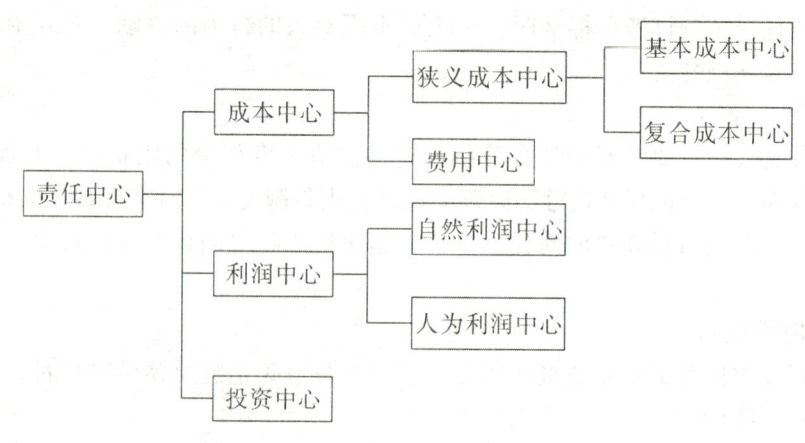

图7-1 责任中心的分类

每一个责任单位都由一个主管人员负责，承担规定的责任和拥有相应的权力。责权利相结合，有条件承担责任（即有行为能力并对后果承担责任），责任和权力皆可控，有一定经营业务和财务收支活动，能够进行责任会计核算。

四、不同类型的责任中心及其特点

实施责任成本控制，要发挥不同层次具有不同控制能力的优势，建立多层次的责任成本中心体系，实行责任成本分级控制。责任中心一般划分为：成本中心、利润中心和投资中心。

（一）成本中心

成本中心是指有权发生并控制成本的单位。成本中心的工作成果不会形成可以用货币计量的收入，或其工作成果不便于或不必进行货币计量，而计量和考核发生的成本。要明确责任中心，首先要明确什么是可控成本。可控成本中的可控是指：①有办法知道发生什么耗费；②有办法计量发生耗费；③在发生偏差时有办法加以调控；④若发生超支或者节约，可以找到承担责任的责任者。满足这四个条件的成本，则为可控。所有可控成本加在一起，就是责任成本。不具备上述四个条件的成本皆为不可控成本。可控成本与不可控成本相对立。

一般说来，成本中心的变动成本大多是可控成本，而固定成本大多是不可控成本；直接成本大多是可控成本，间接成本大多是不可控成本。对基层单位来说，大多数直接材料和直接人工是可控的，但也有部分是不可控的，如自己的工资。而无法控制的大多数是间接成本，也有部分是可控的，如机物料消耗，可能是间接计入产品的，但机器操作工却可控制它。

可控成本与不可控成本在一定的时空条件下可以实现相互转化。也就是说可控成本与不可控成本的划分并不是绝对不变的。比如：一个企业的材料采购价格和运杂费，对材料供应部门来说是可控成本，对加工车间来说是不可控成本；材料消耗量对加工车间来说是可控成本，对材料供应部门来说是不可控成本；新产品试制费，从产品生产车间看是不可控的，而对新产品试制部门来说是可控的；设备租赁费对设备使用车间来说是不可控的，但对生产副厂长和设备部门来说是可控的。

可控成本是成本中心的考核指标，建立成本中心，通常要关注以下几个问题：

（1）成本中心归集的是责任成本而非传统意义上的产品成本。
（2）成本中心只对其可控制的成本承担责任，对责任成本进行控制。
（3）成本中心必须设立质量和时间标准，并要求管理者严格执行。

（二）费用中心

费用中心适用于那些产出物不能用财务指标来衡量，或投入与产出没有密切关系的单位，如行政管理部门、研究开发部门以及某些销售部门（广告、宣传、仓储等）。成本中心的适用范围最广，任何对成本负责的单位都是成本中心。例如，企业内每一个分公司、分厂、车间、部门都是成本中心。而它们又是由各该单位下面的若干工段、班组、甚至个人的许多小的成本中心所组成。至于企业中不进行生产而只提供一定专业性服务的单位，如人事部门、总务部门、会计部门、财务部门等，则可称为"费用中心"，它们实质上也属于广义的成本中心。

基于成本中心的学习，下表列示了各类成本的异同点。

表 7-1　　　　　　　　责任成本、变动成本和完全成本的异同点

项目	责任成本计算	变动（边际）成本计算	完全(吸收或分担)成本计算
1.核算目的不同	为了评价成本控制业绩	为了经营决策	为了按会计准则确定存货成本和期间损益
2.计算的对象不同	责任中心	以产品为成本计算的对象	以产品为成本计算的对象
3.成本的范围不同	各责任中心的可控成本	变动成本（包括直接人工、材料和变动制造费用），有时还包括变动的管理费用	制造成本（包括直接人工、材料和全部制造费用）
4.共同费用在成本对象间分摊的原则不同	按可控原则，把成本归集，包括变动间接费和固定间接费	只分摊变动成本，不分摊固定成本	按收益原则归集和分摊，要分摊全部的间接制造费用

（三）利润中心

责任会计体系中的利润中心是指既能控制成本，又能控制销售收入的责任单位。它不但有成本发生，而且还有收入发生，它有独立或相对独立的收入和生产经营决策权。这些单位能通过生产经营决策，对本单位的盈利施加影响，为企业增加经济效益。因此，它不但要对成本、收入负责，而且也要对收入与成本的差额即利润负责。利润中心可以分成为自然的利润中心和人为的利润中心。

自然的利润中心一般是企业内部的独立单位，如分公司、分厂等。他们具有全面的产品销售权、价格制定权、材料采购权、生产决策权，如企业本身和公司的事业部。这些单位大多是直接面对市场对外销售产品而取得收入。

人为的利润中心一般不与外部市场发生业务上联系，只对企业其他单位提供半成品和劳务，如各生产车间、运输队等。这些单位也有部分的经营权，能自主决定本利润中心的产品品种（含劳务）、产品质量、作业方法、人员调配、资金使用等。

在无法实现共同成本合理分摊的情况下，人为利润中心通常只计算可控成本，而不分担不可控成本，因而这类中心也属于贡献毛益中心；在共同成本易于合理分摊或不存在共同成本分摊的情况下，自然利润中心不仅计算可控成本，也应计算不可控成本。利润中心一般应具有如下三个条件：

（1）利润中心主管人员的决策，能够影响该中心的利润；
（2）利润中心的生产经营活动不取决于其他单位，它有相对的独立性；
（3）利润中心利润的增加，能提高企业的经济效益。

（四）投资中心

投资中心是指既能控制成本和收入，又能对投入资金进行控制的责任单位。它不仅在产品的生产销售上享有较大的自主权，而且又能够相对独立地运用其掌握资金，有权构建并购买固定资产，扩大或缩小生产能力，投资中心是既对成本、收入、利润负责，又对投入的全部资金的使用效果负责的区域。投资中心实质上也是利润中心，但它的控制区域和职权范围比利润中心要大。

（五）各责任中心的关系

成本中心、利润中心和投资中心的主要区别在于各中心控制区域和权责范围的大小，但它们都承担相应责任，并相互联系。

最基层的成本中心应就其经营的可控成本向其上层成本中心或利润中心负责；上层的成本中心应就其本身的可控成本和下层转来的责任成本向利润中心负责；利润中心应就其本身经营的收入、成本（含下层转来成本）和利润（贡献毛益）向投资中心负责；投资中心最终就其经营的投资利润率和剩余收益向总经理和董事会负责。

第三节 责任中心业绩的评价与考核

一、责任预算、责任报告与业绩考核的概念

责任预算是指以责任中心为主体，以其可控成本、收入、利润和投资等为对象编制的预算。它是企业总预算的补充和具体化，同时也是责任中心的目标和控制依据以及对其进行考核的依据。

责任报告也称为绩效报告是指根据责任会计记录编制的反映责任预算实际执行情况，揭示责任预算与实际执行情况差异的内部会计报告。通过编制责任报告，可完成责任中心的业绩评价和考核。责任报告的编报是自下而上逐级实现的，随着责任中心的层次由低到高，其报告的详略程度从详细到抽象。

责任中心的业绩考核分狭义和广义两种。狭义的业绩考核仅对各责任中心的价值指标以及资金占用等的情况进行考核；广义的业绩考核则还包括对非价值指标的完成情况的考核：成本中心只考核其权责范围内的责任成本（各项可控成本）；利润中心只考核其权责范围内的收入和成本，重点在于考核销售收入、贡献毛益和息税前利润；投资中心除了要考核其权责范围内的成本、收入和利润外，还应重点考核投资利润率和剩余收益。

二、成本中心的考核

（一）成本中心的考核

成本中心的考核指标包括标准成本中心和费用成本中心的考核，标准成本中心不对生产能力的利用程度负责，而只对既定产量的投入量负责。不管价格、产量、产品结构决策，也不管设备和技术决策。成本中心必须按规定的质量、时间标准和计划产量来进行生产。过高的产量，提前产出造成积压，销不出去，同样也会造成损失。

成本中心的考核指标包括成本（费用）降低额和成本（费用）降低率两项指标。

成本（费用）降低额 = 目标（预算）成本 − 实际成本

$$成本降低率 = \frac{目标（预算）成本节约额}{实际成本} \times 100\%$$

例 7-1 某公司有三个成本中心，按产品和成本中心归集的产品成本和责任成本如下表所示：

表 7-2　　　　　　　　成本中心产品成本和责任成本分布表　　　　　单位：元

成本项目	费用合计	产品成本 A	产品成本 B	产品成本 C	责任成本 甲单位	责任成本 乙单位	责任成本 丙单位
直接材料	200 000	90 000	70 000	40 000	80 000	60 000	60 000
直接人工	120 000	36 000	46 000	38 000	44 000	36 000	40 000
制造费用	108 000	40 000	36 000	32 000	48 000	28 000	32 000
合计	428 000	166 000	152 000	110 000	172 000	124 000	132 000

如果甲单位、乙单位和丙单位的责任成本预算分别为 174 000 元、125 000 元和 130 000 元，则甲单位、乙单位和丙单位成本中心的目标成本节约额和目标成本的节约率计算分别如下：

甲单位成本（费用）降低额＝174 000－172 000＝2 000（元）

乙单位成本（费用）降低额＝125 000－124 000＝1 000（元）

丙单位成本（费用）降低额＝130 000－132 000＝－2 000（元）

甲单位目标成本节约率＝2 000/172 000＝1.16%

乙单位目标成本节约率＝1 000/124 000＝0.81%

丙单位目标成本节约率＝－2 000/132 000＝－1.52%

甲单位的成本（费用）降低额最大，目标成本节约率也最大。

对成本中心的业绩评价主要运用差异分析进行，即将实际成本与标准成本相比较确定差异。对不利差异进行分析，确定预算财务目标没有实现的原因，并采取相应措施进行纠正。

（二）费用中心的考核

费用中心的业绩涉及预算、工作质量和服务水平。工作质量和服务水平的量很难量化，并且与费用支出关系密切。这是费用中心与标准成本中心的主要区别。一个费用中心的支出没有超过预算，可能工作质量和服务水平低于计划的要求。

（三）利润中心的考核

对于利润中心来说，利润是使用最广泛的指标。用利润指标衡量责任单位的业绩，有助于管理当局协调责任单位与企业实现目标一致。对利润中心的业绩的评价和考核，可通过以下四个指标：

1. 贡献毛益

单位产品贡献毛益＝单位产品售价－单位产品变动成本

贡献毛益总额＝销售收入总额－变动成本总额

对缴纳营业税、消费税产品的企业，应按减去税金及附加（包括营业税或消费税及按营业税或消费税计算的城市维护建设税和教育费附加）的销售净收入计算。

2. 可控贡献

可控贡献＝贡献毛益－间接成本

该指标反映了部门经理对其控制的资源的有效利用程度,是评价部门经理业绩的一个较理想的指标。

3. 部门毛利

部门毛利 = 利润 - 固定成本

该指标是衡量利润中心获利水平的指标,而不是反映部门经理业绩的指标。

4. 部门税前利润

部门贡献毛益 = 部门销售收入 - 部门变动成本总额

分部经理毛益 = 部门贡献毛益 - 部门经理可控固定成本

公司税前利润 = 各分部毛益之和 - 公司总部的管理费用

例7-2 利润中心某年的销售收入为10 000元,已销产品的变动成本和变动销售费用5 000元,可控固定间接费用1 000元,不可控固定间接费用1 500元,分配来的公司管理费用为1 200元。那么,该部门的可控边际贡献 = 部门销售收入 - 变动成本 - 可控固定成本 = 10 000 - 5 000 - 1 000 = 4 000(元)

该指标可以提醒部门经理注意那些共同成本的发生,使他们明白只有当所有能产生盈利的部门都能提供足够的贡献毛益来补偿全部共同成本时,整个企业才能获利。

(四)投资中心的考核

由于投资中心不仅需要对成本、收入和利润负责,而且还要对其占用的全部投资承担责任,因此,对这样的责任中心进行评价,必须将其所实现的利润与资产占有水平相联系。衡量投资中心业绩的指标主要有投资利润率(ROI)、剩余收益(RI)和经济增加值。

1. 利润率指标

投资利润率是指投资中心产生的经营利润与投资中心的经营资产之比。

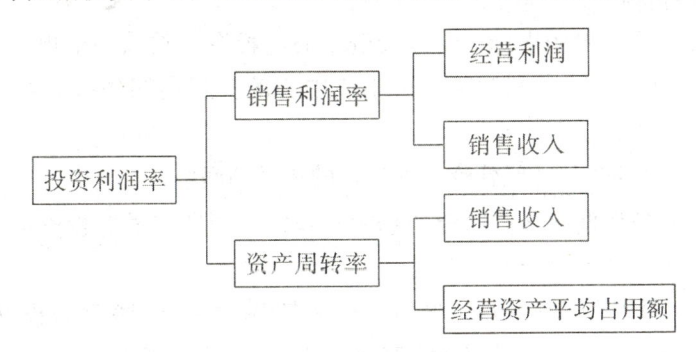

图7-2 影响投资利润率指标的因素

计算公式:投资利润率 = 经营利润/经营资产

投资中心的投资利润率指标可以进一步分解为:

投资利润率 =(经营利润/销售收入)×(销售收入/经营资产占用额)

= 销售利润率 × 资金周转率

因此,经营利润、销售收入、经营资产占用额、销售利润率与资金周转率均为投资利润率的影响因素，并且由上图可以看出这些因素之间形成了不同的层次关系。了解这些有助于投资中心寻找提高投资利润率的途径。

要投资中心的投资利润率大于规定或预期的最低投资报酬率（或总资产息税前利润率大于规定或预期的总资产息税前利润率），该项投资或资产占用就是可行的。运用投资报酬率考核投资中心使得投资中心经营管理行为长期化，最主要是能促使管理者像控制费用一样地控制资产占用额或投资额，可以综合反映一个投资中心各方面的全部经营成果。但是投资利润率指标也具有一定的局限性：

（1）没有考虑通货膨胀因素的影响，无法揭示投资中心的实际经营能力。

（2）会导致投资中心目标与企业整体目标的脱节，使投资中心只顾本身利益而不顾整个企业，增加或减少投资。

例 7-3 某公司有一投资机会。如果不投资，投资中心的利润为 3 600 000 元，资本平均余额为 18 000 000 元。如果投资，新设备的价值为 500 000 元，投资后可节省 80 000 元的营业费用。公司的资本成本为 12%。新设备投资前，投资报酬率 = 3 600 000/18 000 000 = 20% 新设备投资后，投资报酬率 =（3 600 000 + 80 000）/（18 000 000 + 500 000）= 19% 分部不愿投资。实际上，新设备的投资报酬率 = 80 000/500 000 = 16%，大于资本成本，应该投资。

（3）不利于投资项目建成投产后与原定目标的对照。

（4）投资利润率所反映的部分内容并非全都是投资中心所能控制的。

（5）部门经理过度追求局部效益。利用投资利润率考核指标会放弃高于资金而低于目前投资报酬率的机会，或放弃投资报酬率较低但高于资金成本的某些资产，通过加大分子或减少分母来提高此比例，实际上减少分母更容易实现。伤害企业整体的利益。

2. 剩余收益指标

剩余收益是一个绝对额指标，是以投资中心的投资额乘以一个规定或预期的最低投资报酬率，得出一个基本利润额，再用该中心的实际利润额减去基本利润额后的差额。

剩余收益 = 经营利润 −（经营资产 × 规定的最低利润率）

= 投资利润率 × 占用资产总额 − 规定或预期的最低投资报酬率 × 占用资产总额或投资额

=（投资利润率 − 规定的最低利润率）× 占用资产总额或投资额

如果考核指标是总资产息税前利润率时，则剩余收益计算公式应调整为：

剩余收益 = 息税前利润 − 总资产占用额 × 规定或预期的总资产息税前利润率

剩余收益作为投资中心的考核指标使业绩评价与企业的目标协调一致，引导部门经理采纳高于企业资金成本的决策，并且还允许使用不同的风险调整资金成本，对不同的部门或不同的资产规定不同的资金成本百分数，使剩余收益指标更加灵活。而投资报酬率并不区别不同的资产，无法处理资产不同的风险。

投资中心共同使用的资产必须划分清楚，共同发生的成本应按适当标准进行分配，相互之间调剂使用的现金、存货等，应计息清偿。只有这样，才能符合责任会计的要求。

例7-4 某企业下设投资中心，要求的总资产息税前利润率为10%。两投资中心均有一投资方案可供选择，预计产生的影响如下表所示：

表7-3　　　　　　　甲乙投资中心采用方案前后各指标一览表　　　　　　单位：万元

项目	甲投资中心		乙投资中心	
	追加投资前	追加投资后	追加投资前	追加投资后
总资产	50	100	100	150
息税前利润	4	8.6	15	20.5
息税前利润率	8%	8.6/100×100%＝8.6%	15%	20.5/150×100%＝13.67%
剩余收益	－1	8.6－100×10%＝－1.4	＋5	(20.5－150)×10%＝5.5

由以上资料企业可作以下决策：由于甲投资中心追加投资后将降低剩余收益，故不应追加投资；乙投资中心追加投资后可提高剩余收益，故可追加投资。

投资中心的适用范围限于规模和经营权力较大的部门，如事业部、分公司、分厂等。由于它们需要对投资的经济效益负责，故应拥有充分的经营决策权和投资决策权。除非有特殊情况，公司最高管理当局对投资中心一般不宜多加干预。用剩余收益指标评价部门业绩，可以实现部门目标与企业整体目标相一致，因为企业总是希望各投资中心实现较高的剩余收益。从这个意义上讲，剩余收益比投资利润率有更大的优势。然而，由于剩余收益指标是一个绝对值，从而使其难以在规模不同的投资中心之间进行业绩的比较。

3. 经济增加值指标

经济增加值反映了投资中心扣除了其适用的所有资本成本后的盈利水平。

经济增加值＝调整后税后利润－（经营资产×加权平均资本成本）

提高经济增加值的途径：①增加贡献毛益；②增加资产集约度。

第四节　企业内部转移价格及财务评价

一、企业内部转移价格的定义以及意义

责任会计体系中建立的企业内部转移价格是指企业内部各责任中心之间进行内部结算和责任结转时所采用的价格标准。

企业内部各责任单位在开展的经营活动是既相互独立又相互联系的。因此，各责任单位之间必须相互提供产品或劳务。在分权管理的企业中，既能使企业内部各责任中心的业绩评价与考核建立在客观可比的基础上，又能充分调动各责任中心的积极性，实现分部目标与组织目标一致的内部价格。

从理论上讲，满足上述三个条件的内部转移价格是存在的。任何理论都来源于实践并指导实践。但在实际制定中，由于不确定因素的存在，可能出现相互矛盾的情况。因此，企业在制定其内部价格时，必须考虑自身的要求和特点，结合实际情况，并最终要有助于决策的制定。制定内部转移价格时，必须考虑全局性原则、公平性原则、自主性原则和重要性原则。

制定内部转移价格的作用主要体现在四个方面：
（1）有助于分清各责任中心的经济责任；
（2）有助于在客观、可比的基础上对责任中心进行业绩考核；
（3）有助于协调各中心的业务活动和企业内部的各项业务活动；
（4）有助于作出正确的经营决策。

二、内部转移价格的分类及财务评价

内部转移价格主要包括市场价格、协商价格、双重价格和成本价格四种类型。

评价公司转让定价的效果，应兼顾两条主要标准：
（1）转移价格是否能诱导各"中心"制订出对公司业绩产生积极影响的经济决策，包括投资决策、中间产品产量决策、最终产品的产量决策等。
（2）转移价格是否能使各"中心"的业绩得到公正的衡量与评价，以及"中心"经理得到公平的奖励。

（一）市场价格及财务评价

市场价格是指以产品或劳务的市场价格作为基价制定的内部转移价格。采用市场价格，一般假定各责任中心处于独立自主的状态，可自由决定从外部或内部进行购销。同时产品或劳务有客观的市价可采用。从理论上讲，市场价格是被转移的产品或劳务的客观而且可验证的价值，所以当产品或劳务存在竞争市场且市场价格容易取得时，以市场价格为基础制定的内部转移价格最为理想。总之，以市场价格为基础制定内部转移价格，意味着将市场机制引进企业内部，使其每个利润中心都成为真正的独立机构，各自经营，最终再通过利润指标来评价与考核其经营业绩。

在实际中，市价的获取常受到限制，比如部门间提供的中间产品常常很难找到它们的市价，市价波动会较大，市价有可能不具有代表性；另外，产品的内部交易，会节约许多交易费用，比如在销售、商业信用方面的费用，而这些降低的费用会全部体现为"卖方"的业绩，"买方"得不到好处，业绩评价有失公平。

（二）协商价格

协商价格（议价）是指企业内部各责任中心以正常的市场价格为基础，通过共同协商，确定出的为双方所接受的内部转移价格。

采用协商价格的前提是责任中心相互转移的产品应有可能在非竞争性市场买卖，在这种市场内买卖双方有权自行决定是否买卖这种中间产品。如果买卖双方不能自行决定，或当价格协商的双方发生矛盾而又不能自行解决，或双方协商定价不能导致企业最优决策时，企业高一级的管理层要进行必要的干预和调节。

（三）双重价格

双重价格是指当产品或劳务不止一种价格时，针对责任中心供应双方分别采用不同的价格标准所制定的内部转移价格。

如对产品（半成品）的供应方，可按协商的市场价格计价；对使用方则按供应方的产品（半成品）的单位变动成本计价，其差额由企业会计部门进行最终调整。

双重价格有双重市场价格（当某种产品或劳务有多种市价时，供应方采用最高市价，使用方采用最低市价）和双重协商价格（供应方按市场价格或议价计价，使用方按对方的单位变动成本计价）两种形式。

当内部产品或劳务有外界市场，供应方有剩余生产能力，而且其单位变动成本要低于市价，而采用单一的内部转移价格又不能调动各责任中心的积极性和确保责任中心与整个企业的经营目标实现时，可考虑采用双重价格。

双重价格可同时满足供应方和使用方的不同需要。激励双方在经营上充分发挥其主动性和积极性。

（四）成本转移价格

在无法以市价为基础制定内部转移价格时，可选择以成本为基础的转移价格。

成本转移价格是指以产品或劳务的成本为基础而制定的内部转移价格。包括标准成本价格、标准成本加成价格和标准变动成本价格三种形式。

标准成本价格是指以产品或劳务的单位标准成本为基础的价格。适于成本中心之间转移的产品（半成品）的结算。其优点是可以将管理和核算工作结合起来，有利于避免转移供应方成本高低对使用方的影响，有利于调动供需双方降低成本的积极性。

标准成本加成价格是指以产品或劳务的单位标准成本加上一定的合理利润（按成本加成率计算）确定的内部转移价格。其优点是能分清相关责任中心的责任，但确定加成利润率时，也难免带有主观随意性。

标准变动成本价格是指以产品或劳务的单位标准变动成本为基础的内部转移价格。它符合成本性态，能够明确揭示成本与产量的关系，便于考核各责任中心的业绩，也利于经营决策。不足之处是产品（半成品）或劳务中不包含固定成本，不能反映劳动生产率变化对固定成本的影响，不利于调动各责任中心提高产量的积极性。

成本转移价格所依据的数据来自企业内部，使用简单，在税务当局面前容易提出正当的理由，容易形成常规。但其也有不利的方面：

（1）不利于提高控制成本的积极性。以实际成本来转让产品或劳务，不利于促进"销售利润中心"努力控制生产成本，生产中的低效率所造成的过高成本，会简单地以较高的转移价格形式转嫁给"购买利润中心"。

（2）人为定价成为可能。成本概念的多样性，也使得转让定价制度变得具有更强的人为性。

练习题

习题一

华北公司准备按照分权管理的要求建立责任会计制度设立内部责任中心。该企业是一个规模较大的机器制造公司，主要有五个生产制造车间和三个辅助性部门。三个辅助性部门分别是维修部门、供电供暖部门和行政管理部门。以上各部门都具有较大的独立性。该公司在建立责任会计制度的过程中业务经理提出以下主要设想供参考。

（1）董事长主持讨论责任会计制度的建立方案责成总经理具体实施。

（2）建立责任会计制度的宗旨是把它看做是企业全面质量管理的有效途径。

（3）该企业内部各机构、部门都可以被确认成为一个责任中心指定专人承担相应的经济责任。

（4）根据分权的原则，企业只要求在执行预算过程中将信息迅速地反馈给各责任中心而无须再向上级报告。

（5）内部转移价格属于短期决策中的价格决策内容可由企业的业务部门具体操作，与责任中心无关。

（6）在确保原有组织机构的基础上可以根据责任会计的要求对企业机构进行适当的调整。

（7）各成本中心为有效地管理该中心而发生的成本应被确定为责任成本。

（8）在未来五年的长远计划中该公司准备再设立三个分部并将他们设计成利润中心和投资中心以加大管理力度。

（9）对于利润中心的考核可以采用投资报酬率和剩余收益两种指标来衡量，但要注意前一指标可能导致职能失调的行为。

（10）要求责任中心进行系统的记录和计量并定期编制业绩报告。

要求：根据建立责任会计制度和责任中心的原则指出以上的设想在实际中是否可操作。哪些设想有明显的错误。

习题二

在过去几年里，甲公司成长为一家拥有众多分店的餐饮公司。其分店中，有四分之三是公司特许经营的。两家直接由公司经营的 A 分店和 B 分店业绩最好，因此都在准备新增火锅的经营。新增火锅经营业务必须购入炉具以及必要的设备，为此每家分店需耗费 120 000 元。目前，A 分店的资产额为 900 000 元，每年营业收入可达 1 200 000 元，全年营业成本 950 000 元。扩大经营后，将使 A 分店新增利润 30 000 元。目前 B 店的资产额为 1 500 000 元，全年营业收入为 1 820 000 元，全年营业成本为 1 520 000 元，B 分店如增加火锅经营将新增利润 30 000 元。甲公司根据投资利润率对其分店进行业绩评价。此外，每家分店的经营者有权决定是否增加火锅经营。

要求：

（1）计算增加火锅经营前，A、B两家分店的投资利润率以及增加火锅经营后A、B两家分店的投资利润率。

（2）假设甲公司规定最低利润率是14%，分别计算A、B两家分店扩张前后的剩余收益。

（3）甲公司是否应该接受A、B两家分店的扩张计划？如果A、B两家分店仍均为特许经营的分店，其结果将有什么变化？

第八章　作业成本法

学习目标

通过本章的学习，要求学生了解作业成本法的产生与发展，理解作业成本法的核心概念及作业成本法与传统成本法的比较，掌握作业成本法的计算，并能将作业成本法运用到企业的管理之中。

第一节　作业成本法的产生与发展

作业成本法（activity-based costing，ABC）是成本会计发展的一次革命，是成本会计从传统的以数量为基础的成本计算法到现代的以作业为基础的成本计算法发展的必然趋势。

作业成本法的产生最早可以追溯到20世纪30年代末40年代初期，其代表人物是美国人埃里克·科勒（E. Kohler）教授。科勒于1941年在《会计论坛》杂志以及1952年编著的《会计师词典》中较为系统地阐述了作业会计的基本思想。主要包括：

（1）作业是指一个组织单位对一项工程、一个大型建设项目、一项规划以及一个重要经营事项的各个具体活动所做出的贡献。

（2）每项作业都应设置一个账户（即作业账户），该账户是指某项交易事项的收入或费用账户，该账户的作业主管人应履行其职责并施行控制。交易事项包括材料和各种服务，但属于他人责任范围的费用及其他事项不在账户范围之内。

（3）作业账户应从最低层预算单位开始，一层一层地设置到最高层，从而使作业会计应用于企业的每一层次，并实现预算与会计制度的协调一致。

（4）所有成本都是变动的，并能够分配到具体的责任人，由其实施控制，具体方式是自下而上，即下级的作业成本由上级负责，最后由董事会对整个公司的作业成本负责。

第二位研究作业会计的是美国的乔治·斯托布斯（G. T. Staubus）教授，他自20世纪50年代起开始研究有关作业会计的理论问题，其论点主要发表在以下著作中：1954年完成的博士论文《收益的会计概念》，1971年出版的《作业成本计算和投入产出会计》以及1988年出版的《服务于决策的作用成本计算——决策有用框架中的成本会计》。斯托布斯教授提出的作业会计理论主要观点如下：

（1）会计是一个信息系统，作业会计是一种和决策有用性目标相联系的会计。研究作业会计应首先明确三个概念："作业""成本""会计目标——决策有用性"。

(2) 会计要揭示收益的本质，首先就必须解释报告的目标，这个目标表示托管责任或受托责任，主要是为投资者的决策提供信息，作业成本计算中的"成本"不是一种存量，而是一种流出量。

(3) 会计若要较好地解决成本分配问题，成本计算的对象就应是作业，而不是完工产品，成本不应硬性分为直接材料、直接人工、间接费用，而是应该根据资源投入量，计算利用每种资源的完全成本。

20 世纪 80 年代，美国哈佛大学库伯和卡普兰两位教授撰写了一系列案例、论文和著作，作业会计才引起西方会计界的普遍重视。库伯相继发表了一系列关于作业成本法的论文，这些论文基本上对作业成本法的现实需要、运行程序、成本动因的选择、成本库的建立等方面作了较全方位的分析。库伯还和卡普兰合作在《哈佛商业评论》上发表了《计算成本的正确性：制定正确的决策》一文。这标志着作业成本法开始从理论走向应用。

20 世纪末，以美、英等国家为代表的西方会计界开始对作业成本法的理论和实践产生了广泛的研究兴趣，许多会计学者发表和出版了大量研究探讨作业成本法的论文和专著，作业成本法已成为人们广泛接受的一个概念和术语，作业成本法的理论亦日趋完善，并已在西方国家的一些企业中得到了推广应用，更促使了作业成本法的发展。

第二节　作业成本法的基本理论

一、作业成本法的含义

作业成本法，即以作业为基础的成本计算方法，也就是指将生产产品（包括提供服务）所消耗的资源先按作业归集，再按各项作业成本与成本对象之间的因果关系，将作业成本追溯到成本对象，最终完成成本计算过程的一种成本计算方法。

在作业成本法下，直接成本（如直接材料成本）可以直接计入有关产品，与传统的成本计算方法并无差异；而间接成本（如制造费用等）则首先分配到有关作业，计算作业成本，然后再将作业成本分配到有关产品。因此，作业成本法是将间接成本和辅助费用更准确地分配到作业、生产过程、产品、服务及顾客的一种成本计算方法。

二、作业成本法的核心概念（成本计算对象）

要掌握作业成本法，首先应全面理解作业成本法的核心概念，作业成本法的核心概念有：资源、作业、作业链和价值链、成本动因。

（一）资源

如果把整个作业系统看成是一个与外界进行物质交换的投入—产出系统，则所有进入该系统的人力、物力、财力等都属于资源范畴。作业成本法把资源作为成本计算对象，是要在价值形成的最初形态上反映被最终产品吸纳的有意义的资源耗费价值。在这个环节，成本计算主要需处理以下两个问题：一方面要注意区分有用消耗和无用消耗。无用消耗价值应单独汇集为非增值成本，只把有用消耗的资源价值分解到作业中去；另一方面要区别消耗资源的作业状况，看资源是如何被消耗的，找到资源动因，按资源动因把资源耗费价值分别计入不同的作业中去。

（二）作业

作业是作业成本法下最基本的概念，是进行作业成本计算的核心和基础。作业是指由人力、机器等所执行的任务，是企业生产经营过程中各项独立并相互联系的各项具体活动，企业经营过程中的每项环节或生产过程的每道工序都可以视为一项作业。

按照作业产出或消耗的方式不同，将作业分为单位水平作业、批量水平作业、产品水平作业及生产维持水平作业四类。这种分类方法也是作业成本计算中最常见的分类方法。

（1）单位水平作业是生产单位产品时所从事的作业，即每产出一个单位的产品（或零部件等）便需进行一次的作业。例如：直接材料和直接人工成本等，这种作业的成本与产量成比例变动，如产量增加一倍，则直接材料和直接人工成本也会增加一倍。

（2）批量水平作业是生产每批产品所从事的作业，即每生产一批产品便需进行一次的作业。例如：机器从生产某批产品转向生产另一批产品时，就需要对机器进行准备，生产批数越多，机器的准备成本就越多，但与产量多少无关。

（3）产品水平作业是为支援各种产品的生产而从事的作业，即按产品的品种进行的作业。作业成本与产品品种相关，作业的目的是服务于各项产品生产与销售。例如：对一种产品编制材料清单、数控规划、处理工程变更、测试线路等，这种作业的成本与单位数和批数无关，但与生产产品的品种成比例变化。

（4）生产维持水平作业是为维持工厂生产而从事的作业，例如：工厂管理、暖气、照明及厂房折旧等。这种作业成本，为全部生产产品的共同成本，有益于整个企业，而不是具体产品。

（三）作业链和价值链

作业链和价值链是与作业相关的概念，作业成本法认为，企业管理深入到作业层次以后，现代企业实质上是一个为了满足顾客的需要而建立的一系列有序的作业集合体，这形成了一个由此及彼、由内向外的作业链。每完成一项作业要消耗一定量的资源，而作业的产出又形成一定的价值，转移给下一个作业，按此逐步推移，直至最终把产品提供给企业外部的顾客。最终产品作为企业内部一系列需要的总产出，凝集了在各个作业上形成而最终转移给顾客的价值。因此，作业链同时也表现为价值链。

（四）成本动因

作业成本法的核心在于把"作业量"与传统成本计算系统中的"数量"（如人工工时、机器小时）区别开来，并主张以作业量作为分配大多数间接成本的基础。所谓成本动因就是决定成本发生的那些重要的活动或事项。成本动因可以是一个事件、一项活动或作业，它支配成本行为，决定成本的产生。所以，要把间接成本分配到各个产品中去，必须要了解成本行为，识别恰当的成本动因。根据成本动因在资源流动中所处的位置，通常将成本动因分为：资源动因、作业动因。

（1）资源动因是引起作业成本变动的因素。它是将各项资源耗费归集到不同作业的依据，反映了作业对资源的耗费情况，可以用来评价作业对资源的利用程度。可以运用资源动因来计量各项作业对资源的耗用，并将资源成本分配给各有关作业成本库。表8-1列举了几种常见的资源动因。

表8-1　　　　　　　　　　　　资源动因举例

资源	资源动因
人工	消耗劳动时间
材料	消耗材料数量
动力	消耗电力度数

（2）作业动因是引起产品成本变动的因素。作业动因计量各种产品对作业耗用的情况，并被用来作为作业成本的分配基础，是产品和作业的纽带，代表了产品或工艺的设计的改善机会。表8-2列举了作业分类及其相关的作业动因。

表8-2　　　　　　　　　某企业作业分类及相关作业动因

作业分类	常见作业动因
单位水平作业	产品或零部件产量、机器工时、人工工时、耗电千瓦时数等
批量水平作业	采购次数、机器调整次数、生产准备次数、材料或半成品转移次数、抽样检验次数等
产品水平作业	按产品品种计算的图纸制作份数，按产品品种计算的生产工艺改变次数，模具、样板制作数量，计算机控制系统和产品测试程序的开发，按品种下达的生产计划书份数等
生产维持水平作业	设备数量、厂房面积等

（3）资源动因与作业动因的区别和联系。资源动因连接着资源和作业，而作业动因连接着作业和产品。把资源分配到作业用的动因是资源动因；把作业成本分配到产品用的动因是作业动因。当作业和产品一致时，这时的资源动因和作业动因也是一致的。

三、作业成本法与传统成本法的主要区别

1. 成本管理的对象不同

传统成本管理的主要对象是产品；而作业成本法不仅包括产品，而且包括作业。

2. 成本计算阶段不同

作业成本法的基本指导思想是，"产品消耗作业、作业消耗资源"。根据这一指导思想，作业成本法把成本计算过程划分为两个阶段。

第一阶段，将作业执行中耗费的资源追溯到作业，计算作业的成本并根据作业动因计算作业成本分配率；

第二阶段，根据第一阶段计算的作业成本分配率和产品所耗费作业的数量，将作

业成本追溯到各有关产品。

作业成本法下的成本计算过程可以概括为："资源→作业→产品"。

传统的成本计算方法分两步进行：

第一步除了把直接成本追溯到产品之外，还要把不同性质的各种间接费用按部门归集在一起；

第二步是以产量为基础，将制造费用分摊到各种产品。

传统方法下的成本计算过程，可概括为："资源→产品"。

3. 职责的划分不同

传统成本法一般以部门（或生产线）作为责任中心，以该部门可控成本作为对象；作业成本法以作业及相关作业形成的价值链来划分职责，以价值链作为责任控制单元，而价值链是超越部门界限的。

4. 控制标准的选择不同

传统成本法以企业现实可能达到的水平作为控制标准，而且这一标准是相对稳定的，是企业现实可能达到的，而不是最高水平的标准；作业成本法以实际作业能力（不考虑现实的低效率和技术故障、次、废品、非正常停工等因素的情况下，可能达到的最高产出水平）成本，亦即最优或理想成本作为控制标准。

5. 考核对象的确定，奖惩兑现的方式不同

传统成本法以是否达到该标准及达到该标准的程度作为考核依据，对部门和相关责任人兑现奖惩；作业成本法以不断消除浪费所取得的成果和接近最优标准的程度作为业绩，实现的业绩可以用财务指标，也可用非财务指标衡量，对作业链中各种作业的执行者，即"团队"（"不是"某一部门和某一责任人）实施奖惩。

6. 对待非增值成本的态度不同

传统成本法忽视非增值成本；作业成本法高度重视非增值成本，并注重不断消除非增值成本。非增值成本，是指那些不增加客户价值的作业所耗费的成本。在现实的管理水平下，非增值成本并非必要的成本，但却是可以通过持续改善加以消除的成本。如产品质量检验作业的成本，为了防止不合格产品流向市场，检验作业是必需的。但是，检验作业的成本不会增加客户的价值。通过持续改善，不断提高生产技术和工艺水平，可以实现产品一次合格率达到100%，此时，检验作业就可以消除。

第三节 作业成本计算

一、作业成本法的计算程序

作业成本法的具体计算步骤如下：

1. 确认和计量各种资源耗费，将资源耗费归集到各资源库

企业耗费资源主要有货币资金、材料、人力、动力及厂房设备等内容。确认并计量各项资源耗费，并为耗费的每类资源设立资源库，将一定期间耗费的资源按资源库

进行归集。

2. 将资源分配到各个作业中心的成本库中

作业成本法下,每种作业活动所发生的成本是按作业消耗的资源动因分配的。因此,要分析作业与资源之间的关系,确定每种作业的成本动因。

3. 确定作业成本动因分配率,分配作业成本,并计算产品生产成本

作业成本法的这一步骤是运用前面计算得出的作业成本和各产品所耗用的作业量指标,将作业成本以每种产品消耗的作业动因为分配基础,计算作业成本动因分配率,并将作业成本库归集的成本分配于产品。对于原材料、直接人工等直接成本则直接计入产品成本,间接成本则按成本动因分配后计入相关产品成本。作业成本分配率的计算有两种方法,实际作业成本分配率和预算作业成本分配率,本文只介绍实际作业成本分配率的计算。计算公式如下:

(1) 实际作业成本分配率 = 当期实际发生的作业成本 ÷ 各产品消耗的作业动因总和

(2) 分配到某产品的该项作业成本 = 该产品耗用的作业动因数 × 实际作业成本分配率

(3) 某产品当期发生成本 = 当期投入该产品的直接成本 + 该产品当期耗用的各项作业成本

二、作业成本法应用举例

宏光科技公司主要生产三种电子产品,分别是产品 X、产品 Y 和产品 Z。产品 X 是三种产品中工艺最简单的一种,公司每年销售 10 000 件;产品 Y 工艺相对复杂一些,公司每年销售 20 000 件,在三种产品中销量最大;产品 Z 工艺最复杂,公司每年销售 5 000 件。公司设有一个生产车间,主要工序包括零部件排序准备、自动插件、手工插件、压焊、技术冲洗及烘干、质量检测和包装,原材料和零部件均外购。宏光科技公司一直采用传统成本计算法计算产品成本,并以直接人工小时来分配间接制造费用。公司有关的成本资料如表 8 - 3 所示:

表 8 - 3　　　　　　　　　宏光科技公司成本资料

	产品 X	产品 Y	产品 Z	合计
产量（件）	10 000	20 000	5 000	
直接材料（元）	500 000	2 000 000	100 000	2 600 000
直接人工（元）	600 000	2 000 000	200 000	2 800 000
制造费用（元）				4 200 000
年直接人工工时（小时）	30 000	80 000	10 000	120 000

在传统成本计算法下,宏光科技公司以直接人工小时来分配间接制造费用,如表 8 - 4 所示:

表 8-4　　　　　　　　　　宏光科技公司制造费用分配表

	产品 X	产品 Y	产品 Z	合计
年直接人工工时（小时）	30 000	80 000	10 000	120 000
分配率	\multicolumn{3}{c	}{4 200 000 ÷ 120 000 = 35（元/小时）}	
制造费用（元）	1 050 000	2 800 000	350 000	4 200 000

采用传统成本法计算的产品成本资料如表 8-5 所示：

表 8-5　　　　　　　　　　宏光科技公司产品成本资料

	产品 X	产品 Y	产品 Z
直接材料（元）	500 000	2 000 000	100 000
直接人工（元）	600 000	2 000 000	200 000
制造费用（元）	1 050 000	2 800 000	350 000
合计（元）	2 150 000	6 800 000	650 000
产量（件）	10 000	20 000	5 000
单位产品成本（元/件）	215	340	130

公司采用成本加成定价法作为定价策略，按照产品成本的 130% 设定目标售价，如表 8-6 所示：

表 8-6　　　　　　　　　　宏光科技公司目标及实际售价

	产品 X	产品 Y	产品 Z
单位产品成本（元/件）	215	340	130
目标售价（产品成本×130%）（元/件）	279.5	442	169
实际售价（元/件）	279.5	388	250

近几年，公司在产品销售方面出现了一些问题。产品 X 按照目标售价正常出售。但来自外国公司的竞争迫使公司将产品 Y 的实际售价降低到 388 元。产品 Z 的售价定于 169 元时，公司收到的订单的数量非常多，超过其生产能力，因此公司将产品 Z 的售价提高到 250 元。即使在 250 元这一价格下，公司收到的订单依然很多，其他公司在产品 Z 的市场上无力与公司竞争。公司传统成本计算的结果显示，产品 X 的销售及盈利状况正常，产品 Z 是一种高盈利低产量的优势产品，而产品 Y 是公司的主要产品，年销售量最高，但现在却面临困境，因此产品 Y 成为公司管理人员关注的焦点。在分析过程中，管理人员对传统成本计算法提供的成本资料的正确性产生了怀疑。他们决定使用作业成本计算法重新计算产品成本。

管理人员经过分析，认定了公司发生的主要作业并将其划分为几个同质作业成本库，然后将间接费用归集到各作业成本库中。归集的结果如表 8-7 所示：

表 8-7　　　　　　　　　　　　重新归集的成本库

作业名称	制造费用（元）	作业名称	制造费用（元）
装配	1 290 000	产品包装	300 000
材料采购	240 000	工程处理	690 000
物料处理	660 000	管理	531 000
启动准备	9 000	合计	4 200 000
质量控制	480 000		

管理人员认定各作业成本库的成本动因并计算作业成本分配率，归集结果如表 8-8 和表 8-9 所示：

表 8-8　　　　　　　　　　　　各产品作业量

作业名称	金额（元）	成本动因	产品 X	产品 Y	产品 Z	合计
装配	1 290 000	机器小时（小时）	10 000	25 000	8 000	43 000
材料采购	240 000	订单数量（张）	1 200	4 800	14 000	20 000
物料处理	660 000	材料移动（次数）	700	3 000	6 300	10 000
启动准备	9 000	准备次数（次数）	1 000	4 000	10 000	15 000
质量控制	480 000	检验小时（小时）	4 000	8 000	8 000	20 000
产品包装	300 000	包装次数（次数）	400	3 000	6 600	10 000
工程处理	690 000	工程处理时间（小时）	10 000	18 000	12 000	40 000
管理	531 000	直接人工（小时）	30 000	80 000	8 000	118 000

表 8-9　　　　　　　　　　　　各作业成本

作业名称	成本动因	年制造费用	年作业量	作业成本分配率
装配	机器小时（小时）	1 290 000	43 000	30
材料采购	订单数量（张）	240 000	20 000	12
物料处理	材料移动（次数）	660 000	10 000	66
启动准备	准备次数（次数）	9 000	15 000	0.6
质量控制	检验小时（小时）	480 000	20 000	24
产品包装	包装次数（次数）	300 000	10 000	30
工程处理	工程处理时间（小时）	690 000	40 000	17.25
管理	直接人工（小时）	531 000	118 000	4.5

将作业成本库的制造费用按作业成本分配率分摊到各产品，如表 8-10 所示：

表 8-10　　　　　　　　　　　　　各产品制造费用

作业名称	作业成本分配率	产品 X 作业量	产品 X 作业成本（元）	产品 Y 作业量	产品 Y 作业成本（元）	产品 Z 作业量	产品 Z 作业成本（元）
装配	30	10 000	300 000	25 000	750 000	8 000	240 000
材料采购	12	1 200	14 400	4 800	57 600	14 000	168 000
物料处理	66	700	46 200	3 000	198 000	6 300	415 800
启动准备	0.6	1 000	600	4 000	2 400	10 000	6 000
质量控制	24	4 000	96 000	8 000	192 000	8 000	192 000
产品包装	30	400	12 000	3 000	90 000	6 600	198 000
工程处理	17.25	10 000	172 500	18 000	310 500	12 000	207 000
管理	4.5	30 000	135 000	80 000	360 000	8 000	36 000
合计			776 700		1 960 500		1 462 800

经过重新计算，管理人员得到的产品成本资料如表 8-11 所示：

表 8-11　　　　　　　　　　　　各产品成本资料

项目	产品 X	产品 Y	产品 Z
直接材料（元）	500 000	2 000 000	100 000
直接人工（元）	600 000	2 000 000	200 000
装配	300 000	750 000	240 000
材料采购	14 400	57 600	168 000
物料处理	46 200	198 000	415 800
启动准备	600	2 400	6 000
质量控制	96 000	192 000	192 000
产品包装	12 000	90 000	198 000
工程处理	172 500	310 500	207 000
管理	135 000	360 000	36 000
合计	1 876 700	5 960 500	1 762 800
产量（件）	10 000	20 000	5 000
单位产品成本（元/件）	187.67	298.03	352.56

从表 8-11 可以看出，在作业成本计算法下，产品 X 和产品 Y 的单位产品成本远远低于传统成本计算法下的单位产品成本；而产品 Z 的单位产品成本却远远高于传统成本计算法下的单位产品成本，这为宏光科技公司在产品销售方面出现的问题提供了很好的解释。

表 8-12　　　　　　　　　不同成本计算方法结果的比较　　　　　　　单位：元/件

项目	产品 X	产品 Y	产品 Z
单位产品成本（传统成本计算法）	215	340	130
单位产品成本（作业成本计算法）	187.67	298.03	352.56
目标售价（传统成本计算法产品成本×130%）	279.5	442	169
目标售价（作业成本计算法产品成本×130%）	243.97	387.44	458.33
实际售价	279.5	388	250

从表 8-12 可以看出，根据作业成本法计算的结果，产品 X 的实际售价 279.5 元/件，高于作业成本法下的目标售价，是一种高盈利产品。产品 Y 的实际目标售价应为 387.44 元/件，公司原定的 442 元/件的目标售价显然不合理，而现有的实际售价 388 元/件才与目标售价基本吻合。产品 Z 的产品成本在传统成本计算法下明显被低估，从而导致其实际售价 250 元/件，明显低于作业成本法下的产品成本 352.56 元/件，如果售价不能提高或产品成本不能降低，公司应放弃生产 Z 产品。

宏光科技公司的管理人员利用作业成本法取得比传统成本计算法更为准确的单位产品成本信息，对公司的现行定价政策进行了及时的调整，从而提高了公司的经济效益。

思考题

1. 什么是作业成本法？
2. 什么是作业？按照作业产出或消耗的方式不同作业分为几类？
3. 作业成本法与传统成本计算法的比较？
4. 如何理解成本动因？
5. 简述作业成本法的计算程序。

练习题

1. 大华公司生产 A、B 两种产品，现准备改变传统的成本计算方法而采用作业成本法。有关产品的成本信息资料如表 8-13 所示：

表 8-13　　　　　　　　　产品的成本信息资料

产品	产量（件）	直接材料（元）	机器工时（小时）	材料处理次数（次）	生产准备次数（次）
A 产品	400 000	1 400 000	80 000	900 000	200
B 产品	100 000	300 000	20 000	300 000	100

两种产品共消耗维修成本 500 000 元，材料处理成本 600 000 元，生产准备成本 900 000 元，目前均按机器小时进行分配。要求：

（1）采用传统成本法分别计算两种产品的单位成本。

（2）采用作业成本法分别计算两种产品的单位成本。

2. 某公司生产甲、乙两种电子产品，有关作业资料如表 8-14 所示：

表 8-14　　　　　　　　　产品的成本信息资料

作业耗用量指标	甲产品	乙产品	合计
年生产量（台）	10 000	100 000	
直接材料（元）	78 000	738 000	816 000
机器工时（小时）	20 000	180 000	200 000
生产准备次数（次）	20	10	30
搬运次数（次）	200	100	300

两种产品共耗用用电作业成本 100 000 元，生产准备作业 120 000 元，材料搬运作业成本 60 000 元。要求：

（1）计算各作业组的成本分配率。

（2）采用作业成本法分别计算两种产品的单位成本。

第九章 生命周期成本管理会计

学习目标

通过本章的学习，使学生了解传统成本管理的局限性及生命周期成本管理的优势，理解生命周期成本管理会计的概念及实现生命周期成本管理的途径，掌握生命周期成本管理方法的具体运用。

第一节 生命周期成本管理的引入

传统成本管理方法在计划经济时代发挥了重大的作用，但在市场经济主导的今天，存在着诸多局限性，主要表现为：在管理领域上，只限于对产品生产过程的成本进行计划、核算和分析，没有拓展到技术领域和流通领域；在管理体系上，偏重于事后管理，忽视了事前的预测和决策，难以充分发挥成本管理的预防性作用；在成本责任方面，存在着"大锅饭"现象，没有形成一套责任预算、责任核算和责任分析的管理体系，没有与厂内经济责任制度密切结合。基于以上的分析可知，传统成本管理方法已不再满足企业管理的需求。在这种外在环境的要求下，企业需引进新的成本管理方法，这其中，生命周期成本管理法便是其中之一，它有效地改变了传统的成本分类与企业管理不相适应的状况，能够很好地改善企业经营管理的效率和效果。

一、有助于企业的定价决策

传统的成本会计核算仅重视产品在生产制造阶段的成本。在现代经济社会里，仅关心产品的生产成本显然是不够的，应当从战略的角度对产品生命周期内发生的成本进行统一核算。产品生命周期成本对定价决策具有指导性的意义。企业的成本管理系统应将产品生命周期的每一阶段的成本进行归集，制定出合理的产品价格，确保在产品生命周期内收回成本，并为企业提供合理的利润。产品生命周期成本的定价策略不仅补偿了制造产品的直接成本，而且还弥补了开发和衰退阶段的成本。因此对企业的定价决策具有指导性的意义。同时通过对产品生命周期成本进行核算，也要求对以前的成本核算系统进行创新，使得新的成本核算系统有助于对产品生命周期成本进行核算、分析以及评价。

二、有助于企业经营管理者更加关注企业的长期收益和潜在收益

改变在传统成本管理模式下仅仅关注产品制造过程的成本,将对成本的理解扩大到产品开发设计阶段和顾客使用阶段,克服短期行为的管理倾向,使得产品能够长期形成盈利;同时使企业意识到产品生命周期内的社会责任成本,有助于提高企业对社会的责任感。

三、有利于企业分析所处环境、行业特点和竞争对手

分析判断是否应该进入市场,是应该扩大生产还是应该急流勇退。有利于企业在产品不同的生命周期阶段做出积极的反应和投资决策,企业可以将处于不同周期阶段的产品组合,实现收益的优化、均衡和长期性;有利于企业根据产品全生命周期成本各阶段的分布情况,确定成本监督控制的主要阶段。

第二节 生命周期成本管理的基本概念

一、产品生命周期的内涵

广义上的产品生命周期指的是一种产品存在的时间。狭义上的产品生命周期视不同角度,则可以按企业和顾客将其划分为三个方面来考虑:

(1) 市场观。对于产品生命周期,生产者有两种观点:市场观和生产观。市场观下的产品生命周期指产品或服务在市场生命中的各连续阶段,包括产品或服务的引入期、销售成长期、成熟期和衰退期,最后从市场中退出。该观点与产品生产周期内的销售模式的性质有关,它强调的是销售收入,是一种收入导向的观点。销售额在引入期一般很小,在成熟期达到顶峰,随后逐渐减少,如图9-1所示。

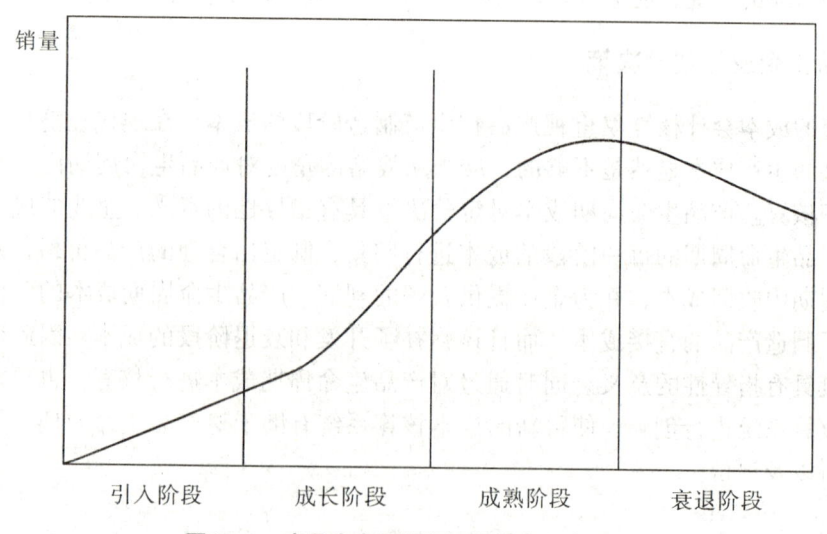

图9-1 产品生命周期的一般模式:市场观

(2) 生产观。产品生命周期的生产观是指产品或服务从成本发生的角度而言的生命周期。生产观强调研发、设计、生产、销售等所必需的内部作业，是为了支持企业的销售目标，这种销售支持同时需要资源支出，因此，可将产品生命周期的生产观视为一种成本导向的观点。该观点下，生命周期成本是指在产品或服务的整个生命周期内所有与该产品相关的成本，它始于研究与开发，随之是设计、制造（或提供服务）、营销、销售、售后服务等，如图9-2所示。

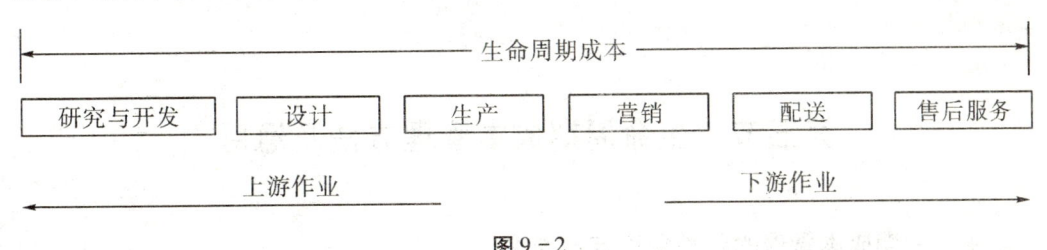

```
|←——————————————— 生命周期成本 ———————————————→|
| 研究与开发 |  设计  |  生产  |  营销  |  配送  | 售后服务 |
|←——— 上游作业 ———→|←———————— 下游作业 ————————→|
```

图9-2

(3) 可消费周期观。该角度的视野已从传统的只从产品生产企业看成本的问题，进一步扩展到同时从顾客角度看成本的问题，即从成本的企业观发展到社会观。可消费周期观涉及产品性能和价格，这个价格不仅包括顾客的购买价格，还包括购后成本，生产商必须关注顾客所实现的价值和顾客放弃的价值，因此，可消费周期观是一种以顾客价值为导向的观点。该观点下，生命周期涉及的成本包括：购买成本、使用成本、维护成本和处置成本，而生产厂商如何开发利用购后作业与生产商作业之间的联系，则成为产品生命周期成本管理的一个关键因素。

以上三种观点从不同的角度阐述了产品生命周期的内涵，对商品和服务的生产厂商来说都非常重要，每一种观点都不能忽视。

二、产品生命周期成本管理的实现途径

产品生命周期成本管理即要求在管理的过程中必须注意不同的产品生命周期观，采取一系列措施管理产品的研发、设计、生产、营销、销售、使用、维护、修理和处置等一系列作业，实现产品生命周期的利润最大化。

具体来讲，可采用以下途径：

(1) 提高收入。提高收入的方法取决于市场生命周期的不同阶段和顾客价值的影响。依据市场论的观点，市场生命周期可以划分为引进、成长、成熟和衰退四个阶段。在产品引进阶段，由于顾客的价格敏感性较低，更关心产品性能，因而企业可以制定较高的价格进而获得较高的收入；在成熟阶段，顾客对产品的价格和性能高度敏感，产品的差异化显得更重要，要使提高收入变成现实，就必须考虑如何使顾客愿意为产品性能的改进支付额外的费用，且顾客额外支付的金额必须超过生产厂商为提供新产品属性而增加的成本；在衰退阶段，则可以通过发现新的产品用途和新的顾客来提高收入。而无论是哪个阶段，都可以通过降低顾客成本或增加顾客价值的方法来增加企业收入，提高企业的竞争优势。

(2) 降低成本。通过降低成本来提高企业的利润，有两大方法：一是结合新制造

技术，运用先进的成本管理方法，如 ABM、TQC、Kaizen 成本制，并通过改善组织与人的关系，寻求更高的生产效率，从而降低成本；二是通过改进产品的设计和流程大大降低成本。研究表明，80%以上的产品生命周期成本在开发阶段就已经确定。改进产品的设计和流程为降低成本提供了多重机会，包括可降低生产成本、后勤支持成本及购后成本等，其中还有从顾客投入到维护、修理和处置的时间。因此，生命周期成本管理应把重点放在产品设计阶段，致力于降低成本，而不是此后的成本控制，以免本末倒置。

第三节　生命周期成本管理方法及运用

一、生命周期成本管理的两种管理方法理论

生命周期成本管理主要包括：目标成本管理和约束理论。

（一）目标成本管理

目标成本管理主要关注生命周期成本的早期研发和设计阶段的成本。在这种管理思想下延伸出来的目标成本法即是一种综合性成本管理工具，它通过在设计阶段建立成本降低目标，从而致力于在产品生命周期各阶段实现成本降低。其计算公式如下：

$$目标成本 = 目标价格 - 期望利润$$

其中，目标成本是指为获取预定的市场份额所需的、客户愿意支付的竞争性价格与要求达到的单位利润之间的差额。目标价格反映了顾客所看重的产品设计及功能。企业总体性目标成本制定后，还应将其进一步分解，依次分为研究人员、开发人员、设计人员和生产人员等制定成本目标。如发现某一环节的成本目标无法实现，进而影响企业总体性的利润目标不能实现，管理当局就应重新审视这一产品生产方案的可行性。在采用相应改进措施后，若从总体仍不能达到预定目标成本，原定的生产方案就应被更可行的方案所替代。若通过分析研究，认为原生产方案的实施还存在进一步降低成本的潜力，则应采取有效措施，执行一个既能满足顾客功能需求，又能把成本降低至目标成本以下的成本降低方案，以保证企业的生产经营能同时满足目标利润与目标成本的双重要求。

（二）约束理论

与目标成本管理不同，约束理论主要关注制造活动本身。它认为，一个组织经常会存在一个制约生产规模的"瓶颈"（薄弱环节），并把组织看做像链条一样的一系列过程，若这个链条的薄弱环节被加强了，则整个链条的运转效能就更加快速有效；若被加强的只是某非薄弱环节，则整个链条的运转效能不可能有所提高。在这种条件下，企业生产安排的指导原则，应力求使每单位"稀缺资源"贡献毛益达到最大化。为此，企业在实践中应切实做到如下几点：一是明确企业的"稀缺资源"制约着企业的产量贡献；二是生产的安排以非稀缺资源服从稀缺资源为原则，即稀缺资源决定非稀缺资

源的生产安排；三是尽可能采用最经济有效的方法开发企业的"稀缺资源"，此方面是一个不断开拓的动态过程。

二、目标成本法的具体运用

实践证明，产品成本的大多数份额在研究、开发、设计阶段就已被决定，故产品生命周期成本管理更倾向于关注研发、设计阶段的成本控制。目标成本法即是这样一种综合性成本管理工具。基于此，本书采用目标成本法对相关案例进行讲授，以阐述生命周期成本管理方法的具体运用。

具体来说，实行目标成本法通常采用五个步骤：确定目标价格；确定期望利润；计算目标成本；运用价值工程鉴别降低产品成本的途径；运用 kaizen 成本法和经营控制进一步降低成本。以下通过具体案例来阐述五个步骤的具体运用（本处重点论述步骤四）。

例 9 - 1 设某大型机器制造公司准备生产三种不同类型的发动机，其预计生命周期为 80 年，利用目标成本计算通过一系列程序确定该三种类型发动机投产的可行性。相关数据如表 9 - 1 至表 9 - 4 所示，其中表 9 - 2 至表 9 - 4 为间接成本的明细。

表 9 - 1

	发动机 1	发动机 2	发动机 3
预计生命期内总产量	850 000	2 200 000	1 500 000
目标平均单位售价（元）	7 500	4 500	6 000
目标平均单位利润（元）	1 100	800	1 000
目标单位成本（元）	6 400	3 700	5 000
根据现行条件的设计成本(元)：			
原材料成本	2 500	1 800	2 300
外购件成本	2 200	1 400	1 200
间接成本	3 383	1 674	2 766
合计	8 083	4 874	6 266

表 9 - 2

"单位"层次的间接成本

成本项目	动因	单位动因成本（元）	动因单位		
			发动机 1	发动机 2	发动机 3
装配	装配小时	35	7	3	5
质量保证	检测小时	42	2	1	2
再加工	人工小时	35	3	1	3
原材料整理	整理小时	28	5	2	4

表9-2(续)

"批"层次的间接成本

成本项目	动因	单位动因成本（元）	动因单位 发动机1	动因单位 发动机2	动因单位 发动机3
搬运	搬运小时	50	7		54
准备	准备小时	250	8		47

表9-3

"产品"层次的间接成本

成本项目	发动机1 总成本(元)	发动机1 单位成本(元)	发动机2 总成本(元)	发动机2 单位成本(元)	发动机3 总成本(元)	发动机3 单位成本(元)
工程	80 000 000	94	44 000 000	20	55 500 000	37
监督	8 000 000	9	8 000 000	4	8 000 000	5

注："产品"层次的间接成本是用为完成预计生产各产品在其生命期内的总产量的预计总成本除以该产品在该期间内的总产量而得到的单位成本。

表9-4

"综合能力维持"层次的间接成本

成本项目	动因	单位动因成本（元）	动因单位 发动机1	动因单位 发动机2	动因单位 发动机3
综合性管理费用	人工小时	18	17	7	14
综合性制造费用	原材料成本	0.02	2 500	1 800	2 300

注："综合能力维持"层次的间接成本是指为完成预计生产各产品在其生命期内的总产量预计的以成本动因表现的综合能力的维持成本，它表明，从长期看，若总产量有较大的变动，其综合能力及其维持成本也要作相应调整。

表9-1列明了步骤一至步骤三的工作的结果：根据一定方法确定的目标成本。综合以上四个表格的信息，得到表9-5，由表中信息可知，三类发动机现行条件下所能达到的设计成本均大于目标成本，使目标利润无法实现。因此进入第四步，运用价值工程来寻求降低产品成本的途径。具体过程如下：

表9-5

	发动机1	发动机2	发动机3
预计生命期内总产量	850 000	2 200 000	1 500 000
单位售价（元）	7 500	4 500	6 000
材料成本（元）			
原材料成本	2 500	1 800	2 300
外购件成本	2 200	1 400	1 200
材料成本合计	4 700	3 200	3 500

表9-5(续)

	发动机1	发动机2	发动机3
间接成本			
"单位"层次成本			
装配	245	105	175
质量保证	84	42	84
再加工	105	35	105
原材料整理	140	56	112
"批"层次成本			
搬运	350	250	200
准备	2 000	1 000	1 750
产品层次成本			
工程	94	20	37
监督	9	4	5
综合能力维持层次成本			
综合性管理费用	306	126	252
综合性制造费用	50	36	46
间接成本合计	3 383	1 674	2 766
总设计成本	8 083	4 874	6 266
预计利润	-583	-374	-266
目标利润（元）	1 100	800	1 000
预计利润与目标利润之差	-1 683	-1 174	-1 266

（一）价值工程

其基本思想是，在一个产品或一个部件中，任何一个零件成本都应同它的功能相称，如某零件成本较高，而其功能也超过其预定要求，则说明该零件成本偏高或功能过剩，应予以改进。据此，本例中，该公司特设置一个专门小组，实施价值工程，他们从公司的竞争对手处购进同类型发动机进行剖析，以此为基础形成新的设计观念和新的设计方案，使其在保持原有功能的基础上，尽量消除不必要的过剩的功能，从而尽量降低成本。价值工程实施的结果导致相关项目数据变更，如表9-6所示。

表9-6

改变的项目	发动机1	发动机2	发动机3
原材料成本（元）	2 400	1 600	2 200
外购件成本（元）	2 100	1 300	1 000
装配小时	6	-2	4
再加工小时	3	不变	2

依据上表提供的变动数据，对总设计成本重新计算，并使之与目标成本进行对比，如表9-7所示。

表9-7

	发动机1	发动机2	发动机3
预计生命期内总产量	850 000	2 200 000	1 500 000
单位售价（元）	7 500	4 500	6 000
材料成本（元）			
原材料成本	2 400	1 600	2 200
外购件成本	2 100	1 300	1 000
材料成本合计	4 500	2 900	3 200
间接成本			
"单位"层次成本			
装配	210	75	140
质量保证	84	42	84
再加工	70	35	70
原材料整理	140	56	112
"批"层次成本			
搬运	350	250	200
准备	2 000	1 000	1 750
产品层次成本			
工程	94	20	37
监督	9	4	5
综合能力维持层次成本			
综合性管理费用	270	108	216
综合性制造费用	48	32	44
间接成本合计	3 275	1 622	2 658
总设计成本	7 775	4 522	5 858
预计利润	−275	−22	142
目标利润（元）	1 100	800	1 000
预计利润与目标利润之差	−1 375	−822	−858

注：表中斜体且加粗的数字表示有变动，后同。

由表9-7可知，通过价值工程，虽使某些指标有一定的改善，但总体上仍未达到预定目标利润的要求，因而还需要寻找进一步降低现有设计成本的途径，其中可采用途径之一是进行"功能分析"。

（二）功能分析

功能分析涉及成本、功能、价值（此处指顾客购买时支付的代价），三者的关系表现为：

$$价值 = 功能/成本$$

上式表明，功能与成本的变动都会影响价值（即企业的销售收入）的大小。进行功能分析旨在生产保证让顾客满意其功能的产品时，尽可能降低成本，以增进企业的经济效益。

据此，公司的设计人员可以同相关顾客协商，商讨当改变发动机的某些功能时顾客是否接受以及愿意支付的价格；同时，测算出当产品功能改变时对总设计成本的影响程度。本例中三类发动机的功能主要体现在能力、油耗、重量和静音方面的水平上。功能分析的结果导致相关成本项目变更，如表 9-8 所示。

表 9-8

改变的项目	发动机 1	发动机 2	发动机 3
售价	7 200	4 800	6 300
原材料成本（元）	2 200	1 700	2 400
装配小时	4	3	5
原材料整理小时	不变	3	不变
工程成本	70 000 000	50 000 000	62 000 000

依据上表提供的变动数据，对总设计成本重新计算，并使之与目标成本进行对比，如表 9-9 所示。

表 9-9

	发动机 1	发动机 2	发动机 3
预计生命期内总产量	850 000	2 200 000	1 500 000
单位售价（元）	7 200	4 800	6 300
材料成本（元）			
原材料成本	2 200	1 700	2 400
外购件成本	2 100	1 300	1 000
材料成本合计	4 300	3 000	3 400
间接成本			
"单位"层次成本			
装配	140	105	175
质量保证	84	42	84
再加工	70	35	70
原材料整理	140	84	112
"批"层次成本			
搬运	350	250	200
准备	2 000	1 000	1 750
产品层次成本			
工程	82	23	41

表9-9(续)

	发动机1	发动机2	发动机3
监督	9	4	5
综合能力维持层次成本			
综合性管理费用	243	144	234
综合性制造费用	44	34	48
间接成本合计	3 162	1 721	2 719
总设计成本	7 462	4 721	6 119
预计利润	-262	79	181
目标利润（元）	1 100	800	1 000
预计利润与目标利润之差	-1 362	-721	-819

(三) 工程再造

由表9-9可知，通过实施功能分析，某些指标有一定程度发送，但预定目标利润仍然无法实现，因而还需另辟蹊径。为此，须从更深层次上革新，从总体上对企业进行内部工程再造。因此，设计小组应着重对产品的生产过程重新审视，采用新的设计方式，对产品的加工和装配程序进行重新设计，同原材料和外购件的供应者相联结，创建适时生产系统，重新组织生产线，废除传统的加工方式而建立制造单元。通过这些改变，清除生产中不增加价值的作业，进而有效提高生产中增加价值作业的效率。通过工程再造，相关成本数据发生变动，如表9-10所示。

表9-10

改变的项目	发动机1	发动机2	发动机3
售价	7 200	4 800	6 300
原材料成本（元）	2 200	1 700	2 400
装配小时	4	3	5
原材料整理小时	不变	3	不变
工程成本（元）	70 000 000	50 000 000	62 000 000

注：工程成本包括程序重设计成本。

依据上表提供的变动数据，对总设计成本重新计算，并使之与目标成本进行对比，如表9-11所示。

表9-11

	发动机1	发动机2	发动机3
预计生命期内总产量	850 000	2 200 000	1 500 000
单位售价（元）	7 200	4 800	6 300
材料成本（元）			
原材料成本	2 200	1 700	2 400

表9-11(续)

	发动机1	发动机2	发动机3
外购件成本	2 100	1 300	1 000
材料成本合计	4 300	3 000	3 400
间接成本			
"单位"层次成本			
装配	140	105	175
质量保证	84	42	84
再加工	70	35	70
原材料整理	140	84	112
"批"层次成本			
搬运	350	250	200
准备	2 000	1 000	1 750
产品层次成本			
工程	82	23	41
监督	9	4	5
综合能力维持层次成本			
综合性管理费用	243	144	234
综合性制造费用	44	34	48
间接成本合计	3 162	1 721	2 719
总设计成本	7 462	4 721	6 119
预计利润	−262	79	181
目标利润（元）	1 100	800	1 000
预计利润与目标利润之差	−1 362	−721	−819

表9-11的结果表明：该公司通过工程再造，原定的目标可以顺利实现。

目标成本管理的第五个步骤是改善成本管理和经营控制进一步降低成本，其中所提到的kaizen法就是指在这一阶段，通过持续不断地改进，不断研究新的方式以降低既定设计、功能的产品制造工程的成本。这一方法的有效性，必须以广大员工成本意识的高涨以及他们在挖掘成本降低潜力中的主动性、积极性、创造性为条件；否则，将难以实现预期效果。

思考题

1. 产品生命周期市场观的四个阶段是什么？
2. 请简述生命周期成本管理的基本方法。

第十章　企业绩效评价与激励会计

学习目标

通过本章的学习，使学生了解公司战略与绩效评价的关系，理解平衡计分卡和经济附加值的应用，了解智力资本的内涵。

第一节　战略绩效评价概述

一、绩效评价与公司战略

企业管理控制系统是连接企业战略和企业作业的纽带。企业实行战略成本管理的过程，实质上就是通过企业管理控制系统，制定战略计划，并对战略计划的实施过程实施控制的过程。管理控制的核心即业绩评价，具体包括确定预期工作成效的标准，对照标准运用业绩指标衡量、辨析并纠正偏差，从而控制成本动因。传统的业绩指标主要是面向作业的，缺少与战略方向和目标的相关性，一些被企业鼓励的行为与企业战略并不具有一致性。因此，须将战略思想贯穿于战略成本管理的整个业绩评价之中，以竞争地位变化带来的报酬取代传统的投资报酬指标。

结合企业战略的特点，战略绩效指标应当具备以下基本特征：①全面体现企业的长远利益；②集中反映与战略决策密切相关的内外部因素；③重视企业内部跨部门合作的特点；④综合运用不同层次的业绩指标；⑤充分利用企业内、外部的各种（货币和非货币）业绩指标；⑥业绩的可控性；⑦将战略业绩指标的执行贯穿于计划过程和评价过程。战略绩效评价需在财务指标和非财务指标间求得平衡，一方面，既要能肯定内部业绩的改进，又要借助外部标准衡量企业的竞争能力；另一方面，既要比较成本管理战略的执行结果与最初目标，又要评价取得这一结果的业务过程。

二、西方企业经营绩效评价的历史沿革

根据所涉及的主要指标类型，西方企业经营绩效评价的发展历程大致可分为如下三个时期：

（一）成本业绩评价时期（20世纪初）

这一时期出现了最早的标准成本制度。标准成本及差异分析制度的建立，标志着

人们观念的转变，由被动的事后系统反映分析转变为积极、主动的事前预算和事中控制，达到了对成本进行管理的目的，从而极大地提高了劳动生产率，工人的潜能被极大地挖掘出来。成本控制的状况即标准成本的执行情况和差异分析结果成为该时期评价企业经营业绩的主要指标。

（二）财务业绩评价时期（20世纪初～20世纪90年代）

20世纪初，杜邦公司的管理人员设计了一系列的综合财务业绩评价指标，其中持续时间最长也最为重要的指标就是投资报酬率（ROI）。20世纪60年代，运用的最为广泛的业绩评价指标主要是预算、税前利润、剩余收益等，并把它们作为对企业管理者补偿的依据，这一时期的业绩评价始终与产量相联系。20世纪70年代，麦尔尼斯（Melnnes）发表了《跨国公司财务控制系统——实证调查》一文，强调最常用的业绩评价指标为投资报酬率，包括净资产回报率，其次为预算比较与历史比较。20世纪80年代以后，对企业经营业绩的评价形成了以财务指标为主，以非财务指标为补充的业绩评价体系。非财务指标在业绩评价中的作用越来越重要。

（三）企业业绩评价体系的创新时期（20世纪90年代至今）

20世纪90年代，企业的经营环境面临巨大变化，卡普兰等研究的平衡计分卡，将财务指标与非财务指标进行有机结合，在考虑了影响企业战略经营成功的主要因素的基础上建立了较科学的业绩评价指标体系，实现了对企业经营业绩进行综合、全面的评价，为业绩评价指标体系的创新作出了重要的贡献。

第二节 平衡计分卡

一、平衡计分卡的内涵

平衡计分卡（the balanced scorecard，简写为BSC）最初是由哈佛商学院的罗伯特·卡普兰和复兴方案公司总裁戴维·诺顿在1992年作为一个绩效管理工具共同合作开发的，最初主要运用于各企业组织，后慢慢延伸到非营利组织和公共部门，并得到了有效的运用。平衡计分卡之所以受到各企业组织的欢迎，主要是由于其具备两个优势：一是其平衡观，平衡计分卡将组织的绩效指标划分为多个维度，从不同侧面全面衡量组织的业绩，通过在观念、组织、管理等方面建立相应的平衡机制，有效防范绩效评价中的失衡现象。二是其战略观，它有利于把业务单位的使命/战略转化为目标和指标，通过把公司的战略、任务和决策转化为具体的、全面的、可操作的目标和指标，而变成集评价和激励、传播和沟通、创新和学习的多功能的战略管理系统。

二、平衡计分卡的基本内容

平衡计分卡作为一种全新的绩效评价体系，既包括了反映企业财务业绩的财务指标，也包括了对客户、内部业务流程及组织创新与学习进行测评的业务指标。前者用来说明已采取的行动所产生的结果，后者则是对财务业绩的驱动系统的考察。具体来讲是，平衡计分卡从以下四个维度设计业绩评价指标：财务维度（financial perspective）、顾客维度（customer perspective）、内部运营维度（internal business process perspective）、学习与成长维度（learning and growth perspective）。

通过这四个维度的审视将企业的战略分解落实到可操作性的目标、衡量指标和目标值上。并使平衡计分卡进行新战略的沟通和教育，将战略传达给整个企业，使战略成为每个人的日常工作，从而保证战略得以成功实施。如图 10-1 所示。

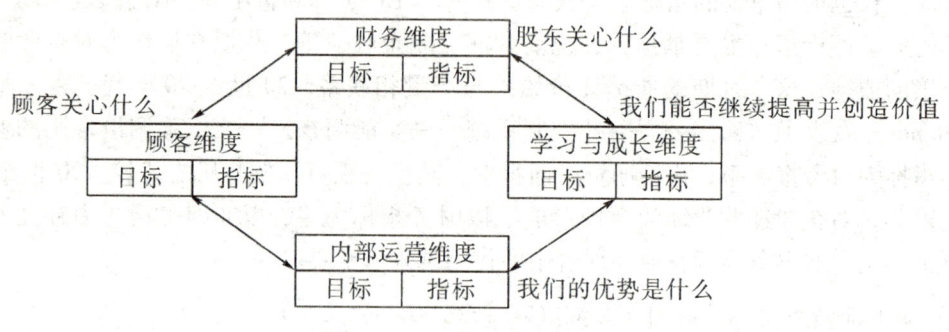

图 10-1 平衡计分卡的框架

（1）财务维度。其目标是解决"股东关心什么"的问题，以表明企业的努力是否最终对企业的经济收益产生积极的作用。目前企业财务管理的目标仍然是企业价值最大化，对企业价值目标的计量自然离不开相关的财务指标。此维度下相关的财务指标通常包括利润、收入、现金流量、投资回报率、经济增加值（EVA）、增加的市场份额等。

（2）顾客维度。这一维度回答"顾客关心什么"的问题。平衡计分卡要求企业将使命和策略诠释为具体的与客户相关的目标和要点，在这个过程中企业应当关注于是否满足核心顾客的需求。客户最关心的不外乎五个方面：时间、质量、性能、服务和成本。企业必须为这五方面树立清晰的目标，然后将这些目标细化为具体的指标。常用的顾客维度指标包括按时交货率、新产品占全部销售的百分比、重要客户的购买份额、老客户挽留率、新客户获得率、顾客忠诚度、顾客满意度指数、客户利润贡献度等。

（3）内部运营维度。这一维度着眼于企业的核心竞争力，解决"我们的优势是什么"的问题。企业要想按时向顾客交货，满足现在和未来顾客的需要，必须以优化企业内部业务流程为前提。因此，企业应当遴选出那些对顾客满意度有最大影响的业务流程，明确自身的核心竞争力，并把它们转化成具体的测评指标。反映内部运营维度的指标包括生产布局与竞争情况、生产周期、单位成本、产出比率、缺陷率、存货比率、新产品投入计划与实际投入情况、设计效率、原材料整理时间或批量生产准备时间、订单发送准确率、货款回收与管理、售后保证等。

（4）学习与成长维度。其目标是解决"我们是否能继续提高并创造价值"的问题。只有持续不断地开发新产品，为客户创造更多的价值并提高经营效率，企业才能打入新市场，才能赢得顾客的满意，从而增加股东价值。企业的学习与成长来自于员工、信息系统和企业程度等。根据经营环境和利润增长点的差异，企业可以确定不同的产品创新、过程创新和生产水平提高指标，如新产品开发周期、员工满意度、平均培训时间、再培训投资和关键员工流失率等。

三、平衡计分卡的通用操作步骤

关于平衡计分卡的实施，主要包括以下几个基本步骤：

（一）确定长远目标

长远目标是指一个阶段上，组织一直为之奋斗的目标。这个阶段就是制定的平衡计分卡有效作用的一段期间，它可能是一年，也可能是一个季度或几年。这一阶段内，它始终是组织或个人的奋斗目标，随着时间推移，成果不断积累。它是针对平衡计分卡的有效期而言，并不一定就是战略目标。

（二）分析发展情况

分析发展情况，即分析组织的运营模式、自身优缺点、环境和资源状况，以及它们可能的变化。运营模式是组织达到长远目标的一系列方法，包括资源掌控、运作流程、时机把握、关键点及其成果（绩效）等，它可能与行业或产业中其他企业的运营模式有相同之处，但它一定是结合了组织自身的优缺点、环境和资源状况及其变化等，有组织和时期特色的运营模式。其他方面，与 SWOT 分析类似。

（三）绘制战略地图

战略地图是说明如何达到长远目标的行动策略，以及绩效成果之间因果关系的地图。绘制战略地图的过程就是分析运作模式、绩效板块、绩效推动因素、结果、行动和成果的周期等方面的过程，其最主要的表现就是动作模式、绩效板块。战略地图也是在制定的平衡计分卡的有效期内，表现为向长远目标进步的一系列发展及其过程。

（四）制作平衡计分卡

制作平衡计分卡可与战略地图的绘制同时进行。依据战略地图，可以进一步细分行动或工作策略，据此制定绩效指标。在制定绩效指标前，应分析绩效板块的目标、共同属性、有无变化等，再考虑量化和测评方式等因素，制定具体指标。一般平衡计分卡的每个板块制定 3~5 个指标。

（五）分解绩效指标

平衡计分卡的指标就是这张"卡"的总指标，通常不能直接得到数据或者不能直接指导具体行动，需将其进行分解细化。最简单的方式是按指标的组成部分进行分解，即下级指标之和是上级指标。

（六）依据指标制订计划

环境的变化和未来的不确定性迫使在具体行动前需制订行动计划。指标则是制订计划的依据，它能确定行动的方向和范围。平衡计分卡建立了一个促进发展的指标体系，它要求在制订计划时不能单独看一个指标，而要把指标关联及其影响的其他行动及行动所占用的资源一并考虑进去。这种计划有资源分配的成分，也有预算的成分，决定了整个行动的开展。

（七）用指标掌控行动

指标本身即是衡量工具，经常用指标测评行动过程和结果，与设定的标准比对，即可发现行动或结果与要求是否相符，不相符的及时做出调整，以控制偏差。

（八）绩效考核

绩效考核是针对平衡计分卡设定分解的指标所做的一次总的检查，以评估事情做得如何，达到要求与否，达到什么程度，并给出一个以事实为依据的结论。指标掌控行动注重检查过程，绩效考核则检查的是阶段成果，行动者和结果需求者都将为此承担责任。

（九）修正 BSC

绩效考核的结果可能与原设想不一致，对此，须根据绩效考核的情况理性分析行动过程的得失，调整下一阶段的平衡计分卡及其指标的滚动。可调整的依据：环境变化、资源变化、目前累积的成果状态、行动能力的变化、过去设计的失误等。修正的BSC 是为了使 BSC 能更贴切地反映发展，更有效地实现目标。

四、成功案例

案例 10-1　平衡计分卡在可口可乐瑞典饮料公司的运用

可口可乐公司以前在瑞典的业务是通过许可协议由瑞典最具优势的啤酒公司普里普斯公司代理的。该许可协议在 1996 年到期终止后，可口可乐公司已经在瑞典市场上建立了新的生产与分销渠道。1997 年春季，新公司承担了销售责任，并从 1998 年年初开始全面负责生产任务。可口可乐瑞典饮料公司（CCBS）正在其不断发展的公司中推广平衡计分卡的概念。可口可乐瑞典饮料公司采纳了卡普兰和诺顿的建议，从财务层面、客户和消费者层面、内部经营流程层面以及组织学习与成长四个方面来测量其战略行动。

作为推广平衡计分卡概念的第一步，可口可乐瑞典饮料公司的高层管理人员开了 3 天会议，把公司的综合业务计划作为讨论的基础。在此期间每一位管理人员都要遵循下面的步骤：定义远景；设定长期目标（大致的时间范围：三年）；描述当前的形势；描述将要采取的战略计划；为不同的体系和测量程序定义参数。由于可口可乐瑞典饮料公司刚刚成立，讨论的结果是它需要大量的措施。由于公司处于发展时期，管理层决定形成一种文化和一种连续的体系，在此范围内所有主要的参数都要进行测量。在不同的水平上，将把关注的焦点放在与战略行动有关的关键测量上。在构造公司的平衡计分卡时，高层管理人员已经设法强调了保持各方面平衡的重要性。

为了达到该目的，可口可乐瑞典饮料公司使用的是一种循序渐进的过程。第一步是阐明与战略计划相关的财务措施，然后以这些措施为基础，设定财务目标并且确定为实现这些目标而应当采取的适当行动。第二步，在客户和消费者方面也重复该过程，在此阶段，初步的问题是"如果我们打算完成我们的财务目标，我们的客户必须怎样看待我们"。第三步，可口可乐瑞典饮料公司明确了向客户和消费者转移价值所必需的内部过程。然后可口可乐瑞典饮料公司的管理层问自己的问题是：自己是否具备足够的创新精神、自己是否愿意为了让公司以一种合适的方式发展而变革。

经过这些过程，可口可乐瑞典饮料公司能够确保各个方面达到了平衡，并且所有的参数和行动都会导致向同一个方向的变化。但是，可口可乐瑞典饮料公司认为在各方达到完全平衡之前有必要把不同的步骤再重复几次。

可口可乐瑞典饮料公司已经把平衡计分卡的概念分解到个人层面上了。在可口可乐瑞典饮料公司，很重要的一点就是，只依靠那些个人能够影响到的计量因素来评估个人业绩。这样做的目的是，通过测量与他的具体职责相关联的一系列确定目标来考察他的业绩。根据员工在几个指标上的得分而建立奖金制度，公司就控制或者聚焦于各种战略计划上。在可口可乐瑞典饮料公司强调的既不是商业计划，也不是预算安排，而且也不把平衡计分卡看成是一成不变的；相反，对所有问题的考虑都是动态的，并且每年都要不断地进行检查和修正。按照可口可乐瑞典饮料公司的说法，在推广平衡计分卡概念的过程中最大的挑战是，既要寻找各层面的不同测量方法之间的适当平衡，又要确保能够获得所有将该概念推广下去所需要的信息系统。此外，要获得成功，重要的一点是，每个人都要确保及时提交所有的信息。信息的提交也要考虑在业绩表现里。

第三节 经济附加值

一、经济附加值的内涵

经济附加值（economic value added，EVA），又称经济利润、经济增加值，是美国思腾思特咨询公司（Stern & Steward）于1982年提出并实施的一套以经济增加值理念为基础的价值评价指标。经过长期的发展，经济附加值指标在全球众多知名企业如可口可乐、通用汽车、西门子公司、索尼、戴尔、沃尔玛等得到了很好的应用。

从算术角度说，经济附加值等于税后经营利润减去债务和股本成本，是所有成本被扣除后的剩余收入。用公式表示为：

$$EVA = NOPAT - WACC \times TC$$

其中，NOPAT是税后净营业利润，WACC是加权平均资本成本，TC是投入资本总额。以上公式表明，经济附加值表示的不是正常意义上的收益概念，它衡量的是超出一般收益的超额收益。经济附加值的核心理念即企业只有在赚取的收益弥补完资本风险后尚有剩余的情况下才能为股东创造价值。

二、经济附加值的计算

具体来讲，经济附加值的计算结果取决于三个基本变量：税后净营业利润、投入资本总额和加权平均资本成本。

（一）税后净营业利润

税后净营业利润是在不涉及资本结构的情况下公司经营所获得的税后利润，即全部资本的税后投资收益，反映企业资产的盈利能力。从数额上讲，税后净营业利润等于公司的销售收入减去除利息支出以外的全部经营成本和费用（包括所得税费用）后的净值。

传统业绩评价体系以利润为衡量企业经营业绩的主要指标，容易导致经营者为粉饰业绩而操纵利润。在计算经济附加值时，需要对财务报表相关内容进行适当调整，计算税后净营业利润，从而避免会计信息失真。这些调整项目主要包括：调整稳健会计的影响（如研发费用资本化）、防止盈余管理（如不提坏账准备）、消除过去的会计误差对决策的影响（如防止资产账面价值不实）等。

1. 研究发展费用和市场开拓费用

从股东和管理层的角度来看，研发费用和市场开拓费是公司的一项长期投资，有利于公司未来劳动生产率和经营业绩的提高，应列入公司的资产项目。但是，会计中核算利润时，此支出作为当期费用处理，所以调整时应将其加入资产中，资本总额也增加相同数量。然后根据具体情况在几年之内进行摊销，摊销值列入当期费用抵减利润。摊销期一般在三四年至七八年间，根据公司性质和投入的预期效果而定。

2. 各种准备

基于稳健性原则，会计核算中要求适时计提各项准备（如坏账准备、存货跌价准备、固定资产减值准备等），使公司的不良资产得以适时披露，以避免公众高估公司利润而进行不当投资。此种处理对于投资者披露的信息是非常必要的。但是对于公司的管理者而言，这些准备金并不是公司当期资产的实际减少，准备金余额的变化也不是当期的现金支出。因此，计算经济附加值时，应将准备金账户的余额加入资本总额之中，同时将准备金余额的当期变化加入税后净营业利润。

3. 商誉

商誉是指当公司收购另一家公司并采用购买法进行会计核算时，购买价格超过被收购公司净资产总额的部分。根据准则规定，商誉一般作为无形资产列示在资产负债表上，在一定期间内摊销。但是，按照经济附加值的观点，商誉的产生主要与被收购公司的产品品牌、声誉、市场地位等相关，这些近似永久性的无形资产不宜分期摊销；因商誉推销而形成的期间费用会抵减当期的利润，但这种利润的降低实际上并不反映经营者的业绩，其结果会驱使管理者在评估并购项目时不是首先考虑并购行为是否会创造高于资本成本的收益，为股东创造价值，而是考虑并购后对会计净利润的影响。因此，计算经济附加值时，需要将以往的累计摊销金额加入资本总额中，同时把本期摊销额加回到税后净营业利润的计算中。这样利润就不受商誉摊销的影响，从而鼓励经理层进行有利于企业发展的兼并活动。

4. 递延税项

递延税项由于税前利润和应纳税所得税之间的时间性差异导致，当应纳税所得小于会计利润时,则形成递延税款贷项,它表明公司纳税义务的向后推延,对公司是明显有利的;反之,若应纳税所得大于会计利润,则形成递延税款借项。计算经济附加值时,对递延税项的贷方余额加入到资本总额中,若是借方余额则从资本总额中扣除;同时,当期递延税项的变化还要加回到税后净营业利润中。即,若本年递延税项贷方余额增加,则将增加额加到本年的税后净营业利润;反之,则从税后净营业利润中减去。

5. 财务费用

财务费用的调整是指对负息债务的利息支出、汇总损益及利息收入等的调整。负息债务的利息支出应在资本成本中核算,所以计算税后净营业利润时应加回;汇总损益以及利息收入则不属于经营收益,不应计入营业利润。这样,应在税后净利润中加上财务费用,同时考虑税收的影响。

6. 非营业收支和补贴收入

营业外收入和支出反映公司生产经营活动之外的其他活动所取得的各项收支,它们与公司的生产经营活动及投资活动没有直接关系。补贴收入是政府给予公司的政策性补贴和税收减免等。从性质上讲,它们具有较大的偶发性,不能反映经营者的正常经营业绩,而计算经济附加值的利润基础应是税后的营业性净利润,所以应在净利润中剔除营业外收支,即加上营业外支出,减去营业外收入和补贴收入,同时考虑税收的影响。

7. 经营租赁

会计上经营租赁的固定资产不作为资产核算,只核算租赁费用。但从经济附加值的角度来讲,这种做法忽略了资本投入,应将未来应交租赁费用按公司的借款利率计算现值,并加回到资本总额中。同时,租赁费用包括暗含的利息,它应当被划归为利息费用,而不应该包括在经营利润之中,所以调整时应予以剔除。

以上各项调整可总结如下:

税后净利润(会计利润)

加:

 资本化研究发展费用

 其他准备金余额的增加

 本年商誉摊销

 递延税项贷方余额的增加(借方增加则为负值)

 利息费用

 营业外支出

 经营租赁费用

减:

 资本化研究发展费用在本年的摊销

 营业外收入

 补贴收入

税后净营业利润

（二）投入资本总额

资本总额是指所有投资者投入公司经营的全部资金的账面价值，包括债务资本和股本资本。其中，债务资本指债权人提供的短期和长期贷款，不包括应付账款、应付票据、其他应付款等商业信用负债；股本资本指所有者提供的投资，不仅包括普通股，而且包括少数股东权益。从金额上讲，资本总额还可以理解为公司的全部资产减去商业信用负债后的净值。

在实务中，资本总额可以用年初数，也可用年初和年末的平均数。

与税后净营业利润的计算类似，计算资本总额时同时也需要对部分会计项目进行调整，以获得对公司真实投入资本的信息。除了前述调整项目中涉及的资本总额的调整外，还需考虑如下各方面：

1. 非正常营业收支

会计上该项目作为利润的扣除项，从而减少了股东权益。在调整资本总额时，应当以公司当期以及以前年度的同类支出的累计数计算其税后数值，然后加回到资本总额中。

2. 在建工程

在建工程是公司对未来持续经营的投入，并不能在当期为公司实际创造经营利润。若将其包括在资本总额中，可能导致当期经济附加值降低，从而影响管理层对未来业务长期投入的积极性。因此，应将其从资产总额中予以扣除。

综上所述，资本总额的调整方法可总结如下：

资产总额

加：

  研究发展费用和市场开拓费用的资本化金额

  各种准备金余额

  累计商誉摊销

  递延税项贷方余额（借方余额则为负值）

  未来应交经营租赁费用的现值

  非正常营业收支

减：

  无息流动负债

  在建工程

资本总额

（三）加权平均资本成本

一般来说，公司资本主要来源于债务资本和股权资本。因此，公司的资本成本取决于债务资本的成本、股权资本的成本以及两种资本在总资本中所占的权数。通常所说的加权平均资本成本率体现的正是这种关系。加权平均资本成本率即指债务资本的单位成本和股权资本的单位成本根据债务和股权在资本结构中各自所占的权重计算的平均单位成本。

第四节　智力资本评价方法

一、智力资本的定义

智力资本的提出是人力资本理论深化和知识经济发展的结果。从其资产属性来看，智力资本是指组织拥有或控制的、尚未体现在实物资产与货币资产中的、知识基础的、无形的经济资源，包括员工的能力、管理制度以及客户关系等，它代表着组织知识基础的价值创造能力。从其权益属性的角度来看，智力资本意味着对知识资源进行投资的个人与组织的权益或经济利益。

二、智力资本的结构

一般认为智力资本（简称 CI）包括人力资本、组织资本与关系资本，其构成及具体要素见下表。

表 10-1　　　　　　　　　　　智力资本构成及要素

智力资本构成	智力资本要素
雇员能力：人力资本	本教育水平、职业资格、工作相关的能力、企业家精神、创新能力、主动性与活力、应变能力等
内部：组织（结构）资本	知识产权：专利、版权、商标等；基础结构资产：管理哲学、公司文化、管理过程、信息系统、网络系统等
外部：顾客（关系）资本	品牌、顾客数、顾客忠诚、公司名称、分销渠道、融资关系、企业联盟、大额合同、特许权协议等

在智力资本的这三大构成部分中，人力资本创造结构资本，但人力资本只有经过结构资本的整合才能上升为有效的智力资本。另一方面，人力资本创造组织资本，两者又共同创造关系资本。因此，这三大资本之间相互作用，相互依存，并与财务资本一起，共同创造组织价值。

三、智力资本的特征

智力资本作为一种崭新的资本形态，与传统的货币资本和物质资本具有明显不同的特征，具体表现在以下几个方面：

（1）无形性。区别于实物资本和货币资本，智力资本具有明显的无形性，其组成要素都是无形因素。

（2）收益递增性。对于一般实物资本来说，普遍存在着投资的收益递减规律。而在以知识为基础的经济活动中，收益递增规律则起着主导作用。智力资本的收益递增性表现为其在流动过程中不断的自我积累与增值，而且还可以通过自身的能动作用使传统资本增值。

（3）价值的不确定性。与传统资本具有较确定的价值不同，智力资本在其生成与运用过程中，其初始价值是潜在的、不确定的，其实现受外界环境等诸多因素的限制。

（4）组织依附性。智力资本对于组织具有较强的依附性。很多智力资本是与特定的组织相联系的，如组织的声誉、顾客的品牌忠诚等，并不被特定的员工所掌握。离开了特定的组织权属主体，相当一部分智力资本便毫无意义。

（5）要素间的相互依赖性。企业的人力资本、组织资本、关系资本等智力资本各要素之间是互为因果、不可分割的，它们之间是一种非线性的相互作用关系。因而对其中某项资本的投资必定连带性地要求对其他各项资本进行相关投资；否则，将会由于投资"瓶颈"的存在而导致整体组织价值增值目标难以实现。

思考题

1. 传统绩效评价的缺陷有哪些？
2. 什么是平衡计分卡？
3. 什么是经济附加值？

参考文献

[1] 陈越. 美国注册助理管理会计师 [M]. 上海：上海交通大学出版社，2009.

[2] 陈艳，姜振丽. 管理会计 [M]. 北京：机械工业出版社，2009.

[3] 谢琨. 管理会计 [M]. 北京：清华大学出版社，2008.

[4] 吴大军，牛彦秀，王满. 管理会计 [M]. 大连：东北财经大学出版社，2004.

[5] 曹海敏，朱传华. 管理会计学 [M]. 北京：清华大学出版社，2008.

[6] 吕长江. 管理会计 [M]. 上海：复旦大学出版社，2006.

[7] 曹惠民. 管理会计 [M]. 上海：立信会计出版社，2007.

[8] 丁修平，陈娟. 管理会计 [M]. 北京：中国人民大学出版社，2011：92 -124.

[9] 中国注册会计师协会. 财务成本管理 [M]. 北京：中国财政经济出版社，2011：72 -76.

[10] 刘运国. 管理会计学 [M]. 北京：中国人民大学出版社，2011：113 -156.

[11] 中国注册会计师协会. 财务成本管理 [M]. 北京：中国财政经济出版社，2009：423 -489.

[12] 韩文连. 管理会计学 [M]. 北京：首都经济贸易大学出版社，2006：173 -289.

[13] 孙茂竹，文光伟，杨万贵. 管理会计学 [M]. 北京：中国人民大学出版社，2009：268 -300.

[14] 王光明，薛恒新. 标准成本法在我国的发展困境及出路 [J]. 会计之友，2010（10）：103 -105.

图书在版编目(CIP)数据

管理会计教程/秦娟,张艳,张明主编.—成都:西南财经大学出版社,2013.2(2015.1 重印)

ISBN 978 - 7 - 5504 - 0965 - 1

Ⅰ.①管… Ⅱ.①秦…②张…③张… Ⅲ.①管理会计—教材 Ⅳ.①F234.3

中国版本图书馆 CIP 数据核字(2013)第 005633 号

管理会计教程

主 编:秦 娟 张 艳 张 明

责任编辑:张明星

助理编辑:高小田

封面设计:杨红鹰

责任印制:封俊川

出版发行	西南财经大学出版社(四川省成都市光华村街55号)
网　　址	http://www.bookcj.com
电子邮件	bookcj@foxmail.com
邮政编码	610074
电　　话	028 - 87353785　87352368
印　　刷	郫县犀浦印刷厂
成品尺寸	185mm×260mm
印　　张	12
字　　数	260 千字
版　　次	2013 年 2 月第 1 版
印　　次	2015 年 1 月第 2 次印刷
印　　数	2001—3000 册
书　　号	ISBN 978 - 7 - 5504 - 0965 - 1
定　　价	22.00 元

1. 版权所有,翻印必究。

2. 如有印刷、装订等差错,可向本社营销部调换。

3. 本书封底无本社数码防伪标志,不得销售。